粗瓷杂器

远宏 著

基于民俗文化的淄博
近代民窑陶瓷艺术研究

文化藝術出版社
Culture and Art Publishing House

目录

引 言 …… 1
1. 课题的缘起 …… 1
2. 文献综述——既往的研究状况 …… 6
3. 研究方法 …… 8
4. 论文的研究思路 …… 12

第一章 淄博近代民窑形成的背景因素 …… 22
1.1 颇具特色的地理位置与自然环境 …… 22
1.2 旷达洒脱的文化品格 …… 28
1.3 商业文明滋养下的消费习俗 …… 32
1.4 发达的民间手工业 …… 34

第二章 淄博窑的历史沿革 …… 39
2.1 初始时期的陶器制造 …… 39
2.2 独具特色的建筑制陶 …… 41
2.3 独领风骚的寨里窑火 …… 45
2.4 各享其利的专业化分工 …… 47
2.5 凄风冷雨中的官办尝试 …… 53

第三章 淄博民窑的制陶原料及工艺流程解析 …… 57
3.1 原料资源与分布 …… 57
3.2 资源管理与开发利用 …… 61
3.3 工艺流程 …… 62
    3.3.1 坯、釉料制备 …… 62
    3.3.2 成型工艺 …… 63
3.4 烧成工艺 …… 65
    3.4.1 窑炉 …… 65

3.4.2 窑具 …… 68
　　3.4.3 装烧 …… 69
　　3.4.4 烧成 …… 70

第四章　地域文化影响下的造型品类 …… 74
　4.1 器用之上的造型理念 …… 75
　4.2 生活习俗对造型的影响 …… 77
　4.3 造型的主要类型 …… 80

第五章　陶瓷器物中的吉祥图案及其寓意 …… 91
　5.1 天人合一的吉祥理念 …… 92
　5.2 陶瓷器物上的吉祥图案 …… 93
　　5.2.1 寓示吉祥的器物图形 …… 95
　　5.2.2 寓示吉祥的文字谐音 …… 96
　　5.2.3 寓示吉祥的器物文字 …… 97
　5.3 器物图案展示手法的拓展 …… 99
　　5.3.1 模印法 …… 99
　　5.3.2 土制青花 …… 99
　　5.3.3 红绿彩 …… 101

第六章　淄博民窑陶瓷的敬畏之心与审美之意 …… 104
　6.1 鬼神崇拜的由来与表现 …… 104
　　6.1.1 鬼神崇拜的由来 …… 104
　　6.1.2 鬼神崇拜的表现 …… 105
　6.2 民间陶瓷中的窑神崇拜 …… 107
　　6.2.1 热血丹心出窑神 …… 107
　　6.2.2 窑神崇拜的方式 …… 109
　6.3 淄博民间陶瓷的审美特征 …… 111
　　6.3.1 健康、乐观的审美诉求 …… 112
　　6.3.2 率真、淳朴的审美情趣 …… 113

第七章　结　论 …… 116
　7.1 淄博民窑及其烧制的粗瓷杂器是一种不可忽视的物质文化产品 …… 117

7.2 淄博民窑陶瓷是当地民俗文化的承载物 …… 118
7.3 淄博民窑陶瓷于现代陶瓷艺术具有借鉴意义 …… 120

淄博陶瓷志　大事记 …… 121
附：淄博市古瓷窑现存情况一览表 …… 128
附：山头杂字全文 …… 133
参考文献 …… 148
附　图 …… 151
致　谢 …… 165

引言

1. 课题的缘起

本课题的研究发端于笔者近些年对淄博民窑的实地考察所产生的感悟。淄博地处鲁中，是齐文化的发源地和辐射中心，具有浓厚、独特的区域文化特征。齐文化的主要特点，是它的开放性和包容性，《管子》内容之丰富精彩、稷下学宫之百家争鸣，都是齐文化开放、包容特质的具体写照。《史记·货殖列传》中的"宽缓阔达"乃是齐文化的精华，而《管子》中"仓廪实则知礼节，衣食足则知荣辱"等论断，则反映出齐文化所蕴含的民本思想。政府以开放、包容的理念统驭社会生活，百姓以开放、创新的精神治生造物，随心所欲，不拘一格，物质生活因此丰富，社会文明由此进步。

这一文化背景其实也是淄博民窑陶瓷艺术产生的基础。如果没有这一文化背景作为依托，淄博民窑陶瓷艺术或许难以真正形成和发展。而淄博民窑陶瓷艺术所以能够在诸多艺术品类中脱颖而出，则是由于它具有独特的风格。在笔者看来，这一风格的形成，也是由它背后的文化特质所决定的。淄博地区民风淳朴，好侠仗义，轻生死、重信诺、不尚细巧、失之粗率。同时，旧时齐地巫风甚盛，与楚巫齐名。民间流行万物有灵论，盛行多神崇拜，敬奉鬼神名目繁多。民间传统瑰丽多姿，想象力丰富，极富浪漫色彩。狐仙尸怪，召之即来，挥之即去，活灵活现。受巫文化敬神赛会的影响，民间偏爱带神秘色彩、对比强烈的大红大绿的颜色。所有这些，无不对近代淄博民窑陶瓷艺术有着潜移默化的影响。

近代淄博民窑陶瓷艺术，若从清代中晚期算起，至20世纪50年代，有近150年的历史，处于源远流长的淄博窑的末端，即由古典陶瓷向现代陶瓷艺术转变的过渡时期。这一时期的陶瓷艺术，无论在器物造型、装饰题材的扩展还是工艺制作上都有新的探索与发展，除恢复了传统的茶叶末釉、雨点釉等名贵釉色外，还产生了彩绘艺术。以民间习俗和乡间景物作为主要描述对象的近代彩绘兴于清代中晚期，其代表作品为博山大鱼盘，它同时也是淄博民间陶瓷彩绘艺术趋于成熟的一件标志性作品。

笔者长期从事陶瓷艺术教学和创作实践，时常接触民间陶瓷作品，浸润其间，渐渐为它们所释放出的独特魅力所感染，由此萌发了对相关素材进行搜集、整理、研究的欲望，并着手开展相关工作。由于诸多方面的原因，长期以来，人们对民间陶瓷的系统研究甚少，就是在称谓上，也往往把民间陶瓷作品简单地称为"客货"，或者称之为"粗瓷""劣瓷"，认为它们粗鄙不堪，不登大雅之堂，难以与官窑烧制的精品瓷器相提并论。或许正是这种认识上的偏差，导致了人们对民间陶瓷艺术的研究付之阙如。著名古陶瓷博物馆学家宋伯胤先生就曾指出："淄博窑是中国古代名窑之一，然而，在学界它却一向不为大多数人所了解和认识，专门从事淄博窑研究的更是一向乏人。中国陶瓷史上至今仍有两个空白，其中之一就是淄博窑。"[①] 这当然是一种遗憾。

而笔者对民间陶瓷艺术的关注，除了自己所从事的专业这一因素之外，还因为淄博民间陶瓷作为一种文化载体，具有浓烈、鲜明的地域文化意蕴。它们的制作者或许是没有受过多少教育的工匠，但它所传递出来的信息却五彩纷呈，令人目不暇接。它所记录下来的那些原生态的社会结构和民众生活，乡土气息浓厚、质感灵动、丰富多彩，颇堪玩味。这种记录时人生活的浮世绘式的艺术作品，不但具有实用功能，同时具有相当的艺术价值，而且为我们提供了鲜活的民俗文化研究样本，对它们加以研究，既可以阐释民间陶瓷何以在彼地产生之本源，又可以了解当地民俗文化之流变，以及两者之间的相互影响、相互促进，可谓一举数得。

研究民间陶瓷，自然离不开民俗文化。民俗文化是一种民间民俗事

---

① 安立华主编：《近代淄博民间陶瓷艺术》，北京工艺美术出版社2004年版，第8页。

图1 四系罐 元代

象。每个时代都有与之相适应的文化，而民间民俗文化作为人类的根部文化，一直伴随着人类文明的历史进程，从未间断，延续至今。它植根于人们的精神深处，外化于人们生产生活的诸般民俗事象，在人们的物质生活和精神生活中长期扮演着重要的角色。这种无所不在的民俗文化，对民间陶瓷艺术的形成和发展自然会产生这样那样的影响，但是两者究竟曾经处于怎样的关系之中，这种关系对于今天的陶瓷艺术发展又究竟具有怎样的意义，历史和现实之间又究竟应当具有怎样的传承关系，这都是需要加以深入研究的课题。

到底应当如何定位淄博民间陶瓷呢？笔者以为，淄博民间陶瓷艺术作为中国陶瓷文化的重要组成部分，是最具地方特色和地域风貌的文化样态之一。产业革命之前，现代化生产体系尚未建立，金属制品尚未普及，陶瓷制品是应用最普遍、最基本的生活用品，但它们之于社会生活的意义远远不止于此。它们一方面满足了人们的生活需要，使人们的消费诉求得以释放，另一方面又给人们提供了审美对象，成为人们饭后茶余欣赏把玩的艺术品。产业革命之后，淄博民窑陶瓷的基本性质也未有丝毫改变。淄博民窑陶瓷从一开始就采取手工方式制作，其后也并未随着工业文明的进化转而采用机械化、批量化、标准化的制作方式。这种看似原始、落后的生产形态，这些胎体厚重、质地疏松、造型笨拙、釉色单一的陶瓷作品，固

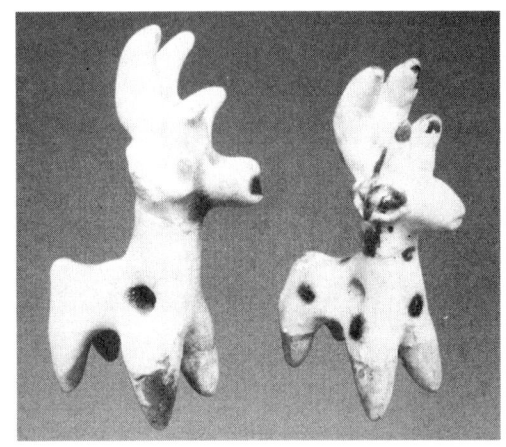

|图2　白釉彩鹿　宋代|

|图3　黑、酱釉类陶瓷　近代|

然遭受了现代生产方式的无情冲击,却以其顽强、固执保留下了自己的一片生存天地。从制作工艺上看,淄博民窑陶瓷存在着诸多明显不足和缺陷,但它洋溢着淳朴、粗放、自然、随意、无拘无束的可贵品质。透过那些瓶、壶、碗、盘、坛坛罐罐以及其他日用杂器,人们可以窥视时人生活情境之一斑。"百里不同俗,十里不同风",淄博地区有别于其他地方的生活习俗和生产方式,使取材于本土的淄博民窑陶瓷显现出浓厚的乡土气息和地方特色,构成了丰富多姿的民间陶瓷艺术天地。

独有的自然资源也是淄博民窑陶瓷得以形成、发展的一个关键要素。古语云:"橘逾淮北而为枳,鹳鹆不逾济,貉逾汶而死,"……故"郑之

图4 远宏采访淄博民间艺人

刀、宋之斤、鲁之削、吴粤之剑,千乎其地而弗能良"。就是说,任何事物的产生都须具备一定的物质条件,淄博民窑陶瓷自然也不例外。从烧制资源上看,淄博地区具有丰富的黄土、青土、药土、焦宝石等矿产原料,民窑陶瓷工艺正是围绕对这些资源的合理利用而形成的。在这一基础上发明的"因材施艺"制作工艺及烧成法则,是形成淄博民窑陶瓷艺术地方特色的技术基础。如模印制陶法、土制青花料、红绿彩、雨点釉、茶叶末等工艺方法则使民窑制作工艺益为丰富、特色益为明显。一应工艺方法在实施时讲究的是"工巧",即在不影响器物功能的前提下,尽量顺应原材料的自然属性,巧妙制作成型。这在几乎所有的淄博民窑陶瓷制品中都有所反映。从每一件物品上,都能看得出体现制作者智慧和才能的独特之处。

综上所述,笔者确定本选题有两个基本理由:

一是由于诸多方面的原因,学界对淄博近代民窑陶瓷艺术的研究比较薄弱,笔者当以此拾遗补缺。但在研究方法上,笔者与其他研究者稍有不同,不是从文物考古的角度或单纯从成型的方法、烧造工艺等方面进行单纯的技术分析,而是从一个窑口去分析其地域特征、民间民俗文化对它的影响,以此来认识民间艺匠的生活方式、生存状态和审美特征。

二是本人认为该选题指向明确、论题突出,便于取舍,利于深入。本课题研究既能发挥自己以往在这一领域的实践特长,又可以从一个特定的角度，即从近代淄博民窑陶瓷艺术的地方特色和民俗文化特征的层面展开研究的空间，有利于理论与实践的有机结合。

2. 文献综述——既往的研究状况

淄博陶瓷文化源远流长，从新石器后期的"后李文化"时期迄今，淄博陶瓷已有8000年的历史。在此期间，淄博陶瓷文化不断进化发展，形成了相对完善的脉络。《淄博陶瓷志》中所记载的"后李文化"时期的陶釜、"龙山文化"石器的陶鬶和蛋壳陶、北朝的青瓷莲花尊、唐代的茶叶末釉、宋代的雨点釉，正是这一脉络之中的历史节点。"中华第一窑""寨里窑""磁村窑"等古窑址乃其见证。

但对淄博民间陶瓷的研究，则发端于20世纪50年代，仅有数十年的历史。

《中国古代窑址调查发掘报告集》（文物出版社1984年）刊载的、由山东省博物馆撰写的《山东淄博寨里北朝青瓷窑址调查纪要》，是一份较早的关于"淄博窑"研究的调查报告。山东淄博寨里窑是1957年由当地文化部门在文物普查时发现的。1976—1977年山东淄博陶瓷史编写组、山东博物馆、淄博市博物馆等单位又对它进行了复查和试掘。初步判定是一处北朝至唐、宋时期的窑址。

寨里窑位于淄博市淄川区城东十余公里，窑址范围较大，发掘报告称发现顺道地、大张、甜水井、金盆四个烧制点。顺道地位于寨里四队场院东北角50米处，地面暴露有青瓷片和少量的黄釉陶片及窑具等。大张位于寨里南约250米，系台地。1973年整地时曾发现寨炉遗迹，并发现较多的青瓷片和窑具。甜水井在寨里村南，因古代遗留下来的一口石井而得名（也称"窑神庙地"，井北至今仍遗存神庙戏台台基）。曾发现黑釉罐、白釉碗和匣钵等，产品风格与淄川磁村窑相同，另发现少量早期青瓷片，建造年代约为金代。金盆地在甜水井东北。据当地民众反映，1973年取土时曾发现过窑炉遗迹。调查试掘重点选择顺道地和大张两处青瓷窑址。《中

图5 匣钵垒的墙

国古代窑址发掘报告集》是文物出版社主编的权威性刊物，所载论文专业性较强，通过这份古窑址发掘报告的描述，人们当对淄博民窑窑址、原料、烧成工艺、造型、装饰以致历史背景、经济环境、文化习俗及民俗文化等有一定程度的了解，亦足见其对淄博民窑研究所具有的重要参考价值。

中国硅酸盐学会编著的《中国陶瓷史》第五章《隋唐五代的陶瓷》从史学角度出发，充分利用文献资料和相关考古资料，着重从地理位置、工艺材质及艺术特点诸方面对淄博窑作了介绍。淄博窑主要的窑址在淄博市淄川区磁村，又称磁村窑。磁村窑始于唐而终于元，唐代盛烧黑釉瓷器，产量较河南、陕西为大，所产器皿以碗、瓶、壶、罐、炉为主。装饰工艺除宋代的剔刻花外，还有新发现的里篦纹划花、白釉黑花、加彩、绞釉等。该著述进一步指出，近代磁村窑比宋时可能有进一步的发展。该窑产品中黑釉白线纹器（当地称之为粉缸），是近代陶瓷极有特色的品种之一，特别是"宋加彩"的烧制对研究当时的烧造历史以及延续烧制时间，提供了极有价值的资料。

关于淄博民窑的研究著作与论文，目前无论从内容和数量上都较为有限，民间美术考古、工艺及画册提到的著述有：

贾振国《淄博古代瓷综论》（见《跋涉集》，北京图书馆出版社1998年版，第225页）

李锦璐《民间工艺美术的特点——看山东民间工艺美术展览》(《装饰》1983年)

姜奇《淄博陶瓷探幽·六永不褪色的书卷——彩绘》(《山东书报》1990年)

安立华《近代淄博民间陶瓷艺术》(北京工艺美术出版社2004年版)

王尔孝《淄博陶瓷志》(征求意见稿)

淄博市政协文史委《淄博陶瓷琉璃大观》(山东大学出版社1992年版)

张光明《谈淄博陶瓷的起源与发展》(《文物考古与齐文化研究》山东大学出版社1996年版)

淄博市博物馆《淄博市博山大街窑址》(《文物》1987年)

张光明、魏洪昌《淄博宋代彩瓷的发现与研究》(台湾《台湾故宫文物月刊》)

远宏《山东民间陶瓷的历史变迁》(《齐鲁艺苑》1993年)

安立华《山东大鱼盘》(台湾五洲出版社2000年版)

以上著述大多只是从考古学的角度,依据考古调查报告或是陶瓷志,零散地、局部性地分析淄博民窑陶瓷造型、装饰及工艺技术方面的演变过程,而非系统性的研究。

3. 研究方法

本论文以历史文献、实物遗存为依据,从近代淄博民窑窑口入手,采用实证分析和规范分析相结合的方法,探讨了近代淄博民窑陶瓷艺术作为中国传统陶瓷文化的重要组成部分是如何发展、演变的,其中包含着怎样的物质文化要素,它在推进现代陶瓷艺术的多样性、丰富性等方面究竟具有怎样的文化价值和现实意义。

本课题的研究方法既然注重"活性"因素的判断和把握,首先是对近代淄博民窑历史沿革、艺术特征和民俗文化内涵的读解,以论证它作为文化遗产的价值依据,并分析其在当代文化背景下存在的价值基础。具体说，就是不但要从相关的地理位置、气候特征、人文景观、地方特色、原料、加工方式、成型方式、成型工具、装饰内容、烧成方式、品类、功能、用途、审美习惯等方面来分析淄博近代民窑艺术的特征和地域民俗文化的特殊性，而且还要从社会文化的角度，即从农耕文化的特点入手，来读解淄博近代民窑陶瓷艺术的文化内涵。

其次是对淄博近代民窑陶瓷艺术的研究。这里在研究方法上不再局限于对近代淄博民窑陶瓷艺术的历史源流、艺术风格、工艺技术的简单归纳和总结，而是在参照大量文献资料的同时，运用文化人类学田野考察的方法对散落在民间的一些物质遗存加以考证，对现存古窑进行考察，对淄博地区的一些工艺大师、民间艺人、农民、博物馆人员进行访谈，对从清中、晚期到20世纪50年代近150年的淄博民窑陶瓷艺术的变迁轨迹进行梳理和勾勒，由此提炼出淄博民窑陶瓷发展的整体风貌。当然，一些实物材料带有或然性，使人难以遽作决断，这为课题研究增加了难度。所幸笔者所使用的材料较为足够的，彼此之间可以相互印证，保证了课题研究的顺利进行。

本课题研究是以探讨近代淄博民窑陶瓷艺术作为中国传统陶瓷文化的重要组成部分是如何发展、演变的，其中包含着怎样的物质文化要素，它在推进现代陶瓷艺术的多样性、丰富性等方面究竟具有怎样的文化价值和现实意义。

毋庸讳言，淄博民窑陶瓷在其发展过程中遭受到了现代文明的巨大冲击，使得它的本来面貌与我们渐行渐远，日趋杳然。而这一冲击的影响也是多方面的。林明体先生在《现代社会民间工艺的取向》一书中指出："……这一冲击，不但促进了人们的观念更新，而且引发了民族传统文化，尤其是民俗文化的急速变化。中华文化固然具有强大的同化力，但同时也因受到世界共同文化的影响而出现了许多新鲜的事物，它们正在改变着人们的社会产生和生活方式、传统观念和价值观。在信息技术不发达的、以自然经济为主体的社会里，民间工艺作为民俗文化的形象载体在存在、制作与传承着。当人类社会进入高技术的信息经济社会，民俗在变化，不少

图6　老窑被改成了家庭馒头加工作坊

民间工艺正在加速死亡（淘汰）。"①

现代文明冲击下的传统民间陶瓷艺术，首先显现出来的当然是其窘迫和无奈。这种境遇，是整个传统民窑陶瓷业所共同面对的，不独淄博如此。民间陶瓷匠人的歇产、改行，民间窑场的全面停业、倒闭，精湛的传统技艺的式微、消亡，从业人员的流失，民间制陶文化的断流，诸如此类的尴尬，唤起的当是一种使命。基于此种现实，本课题不愿单单就事论事，而是要追溯源流、探赜索隐，不仅要从民窑陶瓷的历史沿革、原料、燃料、工艺技术、造型样式及装饰题材的演变过程中探求传统陶瓷文化特别是其间的民俗文化转化为现代陶瓷艺术资源的经验和教训，也要探讨传统民窑陶瓷艺术在当代陶瓷艺术创作中的功能和作用。因此，本课题研究力求在参考前人研究成果的同时，尽可能多地运用所能获取的实证资料，以田野考察为主要依据，从实据、实事、实例出发，对翔实的资料加以仔细研判，通过实证分析和规范分析两种分析方法的综合运用，尽量还原历史的真实。

陶器之为用，其事甚大。宋伯胤先生指出："除了无陶器的远古时代和至今仍不使用陶器的土著民族，所有的人几乎天天都要和陶瓷器打交道。因此可以这样说：小小的一件陶瓷器，无不体现着不同地区、不同民

---

① 林明林：《现代社会民间工艺的取向》，中国工艺美术学会理论研究会编：《工艺文化研究》，山东美术出版社1993年版，第169页。

图7 正在消失的老窑

族的传统习惯和爱好,也无不包含着它们的使用价值和商品价值。亦即是说,任何一件陶瓷器都在反映着社会的需要,反映着制瓷匠人的才能和技术,反映着社会及个人对于装饰美的倾向和追求。"①

淄博近代民窑陶瓷,不是一个逝去的文化样态,不是一种进入了博物馆或散落在家庭之中的博物架上而脱离了现实生活的属于历史范畴的文化遗产,它仍与人们的物质生活和精神生活相关联,并在其中发挥着作用。这使这些陶瓷物品具有了"活性"的富有生命力的特质。

淄博近代民窑陶瓷不仅与人们的物质生活息息相关,而且与人们的精神文化活动紧密相连。作为一种"有形"与"无形"相互交融的文化样态,它所具有的复杂性和包容性,决定了对其研究的重点不应仅仅局限于造型、装饰及烧造工艺等技术性层面,而且应当从历史文化学、社会学、民俗学等层面入手,抽丝剥茧,层层递进,以期全面把握其本质和内涵。这是一种整体性研究,研究的重点不仅是陶瓷器物本身的实用性和审美性,更是其人文特征。研究客体主要包括造物的特征、生产的技术水平,以及釉色、造型、装饰所展示的民俗文化特征,内容涉及社会学、文化学和艺术学诸学科。

---

① 宋伯胤:《对古代陶瓷研究的反思》,载《考古》1987年第9期。

4. 论文的研究思路

本篇论文从近代淄博民窑窑口入手，对它形成的背景因素、发展脉络及其工艺特点进行系统的梳理和认真的研究。淄博地区制陶历史悠久，大约从 8000 年前的后李文化时期开始一直到今天，生产陶瓷的烟火就从未中断过。这在国内各陶瓷产区亦是不多见的。历史上淄博窑有两个较为繁盛的时期，分别为宋金时期与近代时期。前者代表了淄博窑在制瓷工艺技术方面所达到的高度与成就，而后者则是陶瓷完全走向平民化、世俗化和生活化的标志。笔者尝试运用与该窑口形成的时代背景、地域特征、生活习惯相关的历史文献和实物资料，并以田野调查为主线，对釉色、造型与装饰的基本特点、主要类型、形式结构、工艺材质等一系列与淄博民窑相关的因素进行分析研究，并着重以淄博民窑所展现出的地域特色、所具有的民俗民间文化特征和价值取向为线索，有重点、分层次、详略有序地揭示其文化内涵，并提出在当代背景下传承与发展的思路。

在课题研究的方法论上，如何把握基于民俗文化的淄博近代民窑艺术，笔者以为"独观其大略"的方法颇值得借鉴。既要有对制作技术深入具体的实证研究，也要善于从总体上分析、了解民窑陶瓷背后的社会文化结构，以此把握"粗瓷杂器"的精神内涵，基于上述思路，我对本课题所涉及的主要概念有如下认识。

1. 关于"民俗文化"

"民俗文化"是文明社会中受教育较少的平民所具有的文化表现，是民间传承的生活文化现象。在其手工业生产习俗中，主要表现为工匠习俗，主要包括手工业技术传授习俗、行业习俗及信仰习俗等。"在过去……我国民间各种手工工匠在师承关系上有着明显的系谱性，在技术传承上有着严格的封锁性，不同行业存在着各自的祖师崇拜，形成了较为特殊的生产民俗。"[①]

---

① 叶涛、吴存浩：《民俗学导论》，山东教育出版社 2002 年版，第 273 页。

从一开始就立意研究民间传承的残存文化,即"平民的知识和综合那些在民间传承性的信仰、风俗、生活方式、习惯、宗教及其礼仪、传说、民谣、俗谈等古文化的残存"。后来,民俗学的研究领域不断拓展,从精神领域逐渐扩大到生活工具或生产工具等物质领域。① 如今,从生活仪式、生活习惯到生活工具,诸凡生活方式的广泛领域中残存的传承文化,几乎都成为民俗学的研究对象。

人类的生活过程必然产生习惯、生活工具、器用物品,还会组成家族和社会,创造文化。而文化既是具体的,又是抽象的,每个地区的文化都会依据其所在地区的风俗习惯的不同而有所不同,而这种由部落、民族、区域等为单位的地域性文化,经过世代传承,逐渐固化,变成人们世俗生活的一个不可或缺的组成部分,就成了民俗学的研究对象——民俗。当风俗习惯成为约定俗成的东西,那么它在某个特定区域、特定人群之内就具有普适性,就会成为人们普遍遵循的行为规范了。

2. 关于"民窑陶瓷"

民间陶原本就是民间生活的器具,是为生活需要而创造的,这里首先是实用的需要,同时还有审美的意识,二者是并存的。研究民间陶瓷不能脱离与其相应的民间生活,结合当时的科学技术水平和文化艺术的发展来认识,会从中总结出许多方法和规律,对于发展现代日用陶瓷设计和陶艺创作,都是会有所教益的。

中国的陶瓷艺术在历史上的成就是辉煌的,如同一条大江,源源不断,漫长悠远。从最早的原始社会的陶器,一直到明清两代的瓷器,长可近万年,广可及全国,几乎遍布每个省、市、自治区,都有陶或瓷的生产,或在历史上曾经烧造过陶瓷器。在这么漫长的时空和广阔的地域,烧造了大量的不同风格特点的陶瓷器,构成了中国陶瓷发展的历史。

从制陶技术发明开始,最早烧造的陶器就是先民最原始"民间"创造活动的产物。也可以说,陶器的产生本来就是民间陶瓷,民之所用,用之于民,这始终是陶瓷发展的主要方面。

---

① 钟敬文主编:《民俗学概论》,上海文艺出版社1998年版。

图8　白底黑花四系瓶　元代

中国陶瓷发展历史的主干应该是民间陶瓷，官窑陶瓷则建立在民间陶瓷的基础之上，是民窑所衍生出来的东西。如果不是在唐代前后出现了官窑，也就不会相对而言有了"民间陶瓷"的称谓。

官窑陶瓷的烧制是在原来民间陶瓷的基础上，继承并发展了原有的技术和艺术的成就，更加要求精益求精，不计成本。良匠苦心，在技艺方面有所发展和提高，在艺术方面却有所失落和不足。民间陶瓷自身所具有的朴素的生活情趣和自然的艺术韵味，在官窑陶瓷中越来越淡薄了，有的甚至消失了。代之而起的是繁缛、堆砌、纤弱和拘谨，缺乏生活气息，艺术格调下降，这在清代晚期的官窑陶瓷中表现得十分明显。

在官窑陶瓷艺术走下坡路的时候，民间陶瓷却基本上保持着固有的特点，在艺术方面植根于民间，才会有如此的生命力。研究民间陶瓷艺术，特别是在官窑出现之后的民间陶瓷艺术，对于弘扬我国优秀的陶瓷艺术传统是十分重要的。

"民间陶瓷服务于民间生活，首先需要的是实用性强的陶瓷制品。正因为如此，民间陶瓷才有旺盛的生命力，才会创造出众多让人喜爱的作品，才能深深植根于民间生活之中，给广大人民的生活带来了方便，也给人们的生活带来美。民间陶瓷是生活的艺术，那些充满着朴素而真挚情感的作品，启迪和激发着人们的创造精神，对于现代陶瓷设计和现代陶艺创作都是可以借鉴的。"①

3. 关于"官窑"

手工业一直是中国古代经济的重要支柱。从作业方式上看，手工业态是分散、独立而又原始的，与当今的现代化分工协作体系不可同日而语，但是它在当时的历史条件下所起的作用又是决然不可忽视的。起初，手工业的技术与工匠完全来源于民间，但后来政府介入，由此产生了官手工业。政府的关注与投资无疑推动了手工制造技术的长足发展，因此在相当长的时间内，官手工业不仅在诸多行业成为业界的领头羊，而且还带动着行业总体水平的提高，这在陶瓷业、丝织业等方面表现得尤其突出。在陶瓷业界所产生的结果，就是官窑的兴起。

"官窑是由官府出资兴建、产品流向由官府控制的陶瓷器生产窑场；御窑是官窑中的一种特殊类型。官窑在中国古已有之，而御窑仅见于明清两代，产品专供御用是其最显著的特点。在明清两代的大部分时间内，当御窑出现以后，传统的官府窑业制度并没有消亡，即在明清的官府窑业制度中同时存在有官窑和御窑两种形制。具体到瓷器，举凡官窑的产品都可称为官窑瓷器，而御窑瓷器则专指明代御器厂与清代御窑厂生产的专供御用的瓷器。可见，在概念上，以官窑来涵盖御窑并无不可，但若用御窑来称官窑则失于片面；同理，官窑瓷器在概念上能包括御窑瓷器，但御窑瓷器却不能代表官窑瓷器的全部。"②

作为日常器皿，陶瓷器的生产自古以来都得到最高统治阶层的重视，文籍记载，黄帝时已设有陶正（《吕氏春秋》："皇帝有陶正，昆吾作陶"），帝舜亲自造陶器于河滨（《吕氏春秋》一卷："舜耕于历山，陶于河滨"；《史记·五帝本记》："舜耕历山，历山之人皆让畔；……陶河滨，

---

① 杨永善、杨静荣：《民间陶瓷·民间陶瓷的艺术特征》，艺术图书公司1993年版，第15页。
② 王光尧：《中国古代官窑制度》，紫禁城出版社2004年版。

河滨器皆不苦窳")。这固然不能和后来的官府窑业制度相等同，但它足以说明最高统治者和官府参与陶器的生产在我国有着悠久的历史。

官窑的一大特点是其必须按官颁的尺寸、样式生产，此法见于文献最早可上溯至西周。《周礼·冬官考工记》记述：周代"陶人为甗，实二鬴，厚半寸。盆，实二鬴，厚半寸，唇寸。甑，实二鬴，厚半寸，唇寸七穿。鬲，实五觳，厚半寸。庾，厚半寸，唇寸"；"瓬人为簋，实一觳，崇尺，厚半寸，唇寸。豆实三而成觳，崇尺。凡陶瓬之事，髺墾薛暴不入市。器中膊，豆中县。膊崇四尺，方四寸"。不仅甗、盆、甑、鬲、庾、簋、豆诸器的容器、厚薄、唇宽、高矮诸项皆有严格的规制，而且它们的生产必须达到"器中膊，豆中县"即紧合器范、端庄周直的入市规则。至宋，这种官颁器样的生产方式，仅见于文献就有"禁廷制样""太常寺图画样制"两种方式（宋庄季裕：《鸡肋篇》），分类已趋缜密；实物可见浙江慈溪市上林湖荻白湾窑址和马溪滩窑址发现的越窑盏、碟残底上的"官样"铭记①至明清，首先是官琉璃窑场的生产一直遵循着一到十样大小不同的生产程式，其次是景德镇官窑场和御器（窑）厂的生产必须遵照光禄寺、尚膳监、太常寺、内官监、内廷或内府等机构发出的样式，生产者在生产中无丝毫创作的自由②清代发往景德镇供御窑厂照样生产的样器从档案记载看有清宫旧藏器物、新绘纸样、镟制的木样几种。

4. 关于"器"

制陶的发生，首先是出于一种造物的目的。造物因需求而产生，有了实用的需要，才有造物的活动。历史发展的进程告诉我们，人类最初的造物活动是从满足实用需求开始的，当先民们掬起一捧溪水解渴的时候，他们就已开始寻求制造一种双手以外的容器了。那么，容器作为一种"形制"又是怎样产生的呢？"古器先有匏，而刳木、编织、陶埴、铸冶次之"，③ 古人造物，首先是利用自然、原生之物，对它们加以简单的改造，而后方才熟能生巧，开始利用不同材质打造相对复杂的器物。造物活动的

---

① 浙江省文物考古研究所编：《浙江考古精华》，文物出版社 1999 年版，第 246 页。
② 王光尧：《官御并存的明清官府窑业制度》，载《中原文物》2004 年版，第 3 页。
③ 闻一多：《闻一多艺术文钞神话研究》，巴蜀书社 2002 年版，第 112 页。

图9 远宏与淄博陶瓷公司崔刚探讨古窑瓷片

出现,是人类的一种原始性创造,其意义不言而喻。至老子"埏埴以为器,当其无,有器之用"。① 之时,人类的造物活动已经达到了相当的水平,进入了陶器制造阶段,为人们提供生活便利的盆、钵、罐、壶、缸、瓶等实用器物相继问世,它们分别满足了人们的汲取、盛装、贮藏等生活诉求。同理,由其他不同材质,不同工艺技术所造成的器物也都在满足着人们的相应生活诉求。

在器物与人类活动的关系上,是人们的生活需求及其变化决定着器物的发展和演化,而不是相反。当人类结束了上万年的狩猎生活而开始步入定居和农耕生活时代时,陶器的功用愈益显现,成了农耕业者不可或缺的日常用具,而农夫们也根据变化了的生活习惯对其加以适度的改良,形体偏圆。游牧民族的陶瓷器如辽代穿带鸡冠壶,壶体与定居民族所使用的圆

---

① 《老子》第十一章。

形壶体则多有不同，整体形状较扁，类似其先前使用的皮囊壶，其所以如此，自然也是出于游牧生活方式的需要。其间的"圆""扁"之差，反映的是生活方式的差异。后来，当饮茶成为一种生活内容的时候，茶器便应运而生了。宋代盛行"斗茶"，市面上也就顺理成章地出现了专门服务于此种竞技活动的黑色茶盏。凡此种种，足见运用之妙存乎一心，只要需要，相应的器物就会出现。就是一个寻常的泡菜坛子，在早先的能工巧匠手下也能做得十分切合人意：在功能设计上，它利用口部双唇形成的凹槽加水，而后用覆碗形盖子将罐口密封，使坛内的蔬菜缺氧发酵成为酸菜，可谓臻于完美。而从其器形上看，又丝毫不显得粗陋。这就是器形与功能的完美结合。

"器"的本质是生活。生活是日常的，这里的生活，包括了使用者的生活和制陶艺人的生活在内。陶瓷器的一切属性，无论是功能的、审美的、文化的，都可以说是日常的或基于日常的。

器物只有当被人类制造或使用时方才成为器物，而它本身是混沌无知的。"当原料最终控制住形制之后，便出现了一个矛盾物：一个烧成了的陶罐，严格来说它也无所谓质料，质料本是一团自然物，这时自然物已被物质所否定；变为人所制造的器物。一个陶瓶身上只有原料化了的形制，和被形制化了的质料。"[①] 显然，器物的产生以人的使用为前提，制作时已经包含着使用的因素。这当然是问题的主要方面。而从另一方面说，器物之于人也并非全然被动的，它的出现，拓宽了人的审美视野，扩大了人的审美诉求，使人们在对器物的制作上更加精益求精，开始"按照美的规律塑造物质"（马克思语），由此也改善了人自身的物质和精神环境。这说明，人类生活与器物之间的关系在一定程度上又是互动的。淄博民窑陶瓷的规模化存在，大抵正是这一互动关系的结果。

5. 关于"饰"

先秦哲人认为，装饰即"饰"，而饰又同于"伪"，"伪"的本意则是改变事物本来状态的人为举动（"可学而能，可事而成之在人者，谓之

---

① 杨熙龄：《考古今说》，社会科学文献出版社1994年版，第16页。

伪")。今语中的"伪饰"一词，即含此意。《荀子·性恶》篇云："凡礼义者，是生于圣人之伪，非故生于人之性也。古之陶人埏埴而为器，然则器生产陶人之伪，非故生于人之性也。"即是说，包括陶器制作在内的诸多人类活动，甚至圣人们所倡导施行的礼义等道德规范，都不是内化于人性之中的东西，而是人性之外的额外造作。既然哲人们不喜，后人又为什么穷其所能，千方百计舞弄出这些奇巧之物呢？显然，这是由人类社会文明的不断进步所决定的。礼义匡道德，器物随风俗，二者皆不可废置。正因为这样，陶瓷器物的装饰品格不仅未见消减，而且遗留下一串坚实的足印。时至今日，其装饰语言益为丰富，仅就民间陶瓷而言，就有坯装饰、釉装饰、化妆土装饰和彩绘装饰等多种装饰形式，每一种形式又因不同的材料、不同的手法而产生了不同的效果。民窑陶瓷由此跟民众生活结合紧密，所以装饰手法更为复杂多样，效果颇佳。

6. 关于"工艺"

本课题研究将注重对淄博地区陶瓷生产原料、燃料及传统工艺流程的考察，并在可能的情况下，设定一定的工艺时间进行技术实证。考察传统工艺技术及流程，并不仅仅是面面俱到的古窑址调查，重点是紧扣最能代表近代淄博民窑陶瓷最高水平或最具淄博地域特点的典型工艺，分析其技术程序与特性，进而研究其产生的原因和地方民俗文化对它所产生的潜移默化的影响。

7. 关于"淄博窑"

淄博地区的陶器生产，可追溯到8000多年以前新石器时代的"后李文化"。随后的发展顺序依次为北辛文化（约7000年前左右）、大汶口文化（约6000年前左右）、龙山文化（约4000年前左右）和岳石文化（相当于夏代）。境内遗址星罗棋布。这说明早在史前时期，这里的文化就已经十分发达了。

淄博地区是古代齐国的都城圈，有着1800余年的辉煌历史，陶器生产更具规模。西周时期的临淄墓葬中，已发现了原始青釉瓷器。

淄博地区真正意义的瓷器生产，是从北朝晚期开始的，距今已有1400

图10 青花黑釉黄彩动物纹合碗 近代

图11 淄博窑址

余年。1982年6月，从淄川和庄墓中出土了一件。① "胎质坚致，釉色青翠""造型雄伟挺拔、纹饰繁荣精美""堪称我国早期青瓷器中的艺术珍品"②的青釉莲花瓷尊。经专家考证，这件瓷尊就是淄博淄川寨里窑生产

---

① 张光明：《谈淄博陶瓷的起源鱼发展》，载《文物考古与齐鲁文化研究》，山东大学出版社1996年版，第12页。
② 贾振国：《淄博古代陶窑综述·前面的话》，北京图书馆出版社1998年版。

的。① 由此可见，淄博窑在它刚刚起步的阶段，就已经取得令人瞩目的艺术成就。

淄博古代陶瓷总的发展走向是由南向北，明、清两代主要集中于博山境内。文献记载，明朝中叶，颜神镇（即今博山城）一地"陶者以数千""窑业空前繁荣、四方商贩辐至"。"清前期和中期……博山成为山东陶瓷的集中产地和销售中心，以'瓷城'闻名遐迩"。当时，窑厂遍布城区四方，终日烟火不断，"乾隆时期，北岭、张店、山头、窑场、大街南、八陡、福山为当地七大窑厂，产品各有特色，争奇斗艳"，《山东通志》称"其利民不下于江右之景德镇矣"。

---

① 淄博市博物馆、淄川区文化局：《淄博和庄北朝墓葬出土青釉莲花瓷尊》，载《文物》1978 年版，第 6 期。

第一章 淄博近代民窑形成的背景因素

1.1 颇具特色的地理位置与自然环境

淄博市位于山东省中部，地处北纬 36°16′—37°16′，东经 117°42′—118°30′之间。东与潍坊市所辖青州市、临朐县相连，西与济南市所辖章丘市、滨州市所辖邹平县毗连，北与滨州市所辖高青县、博兴县及东营市广饶县接壤，南与临沂市所辖沂源县、莱芜市相邻。全市南北最大纵距92.3公里，东西最大横距71.5公里，总面积3471平方公里，其中市区面积2961平方公里。

淄博历为文化繁衍之地。距今7000年至4000年之间，生活在淄博地区的远古先民先后创造形成了北辛文化、大汶口文化、龙山文化，为新石器时代的中华文明增添了绚烂的篇章。夏商时期，该地区先后出现过夏商王朝属国爽鸠氏、逄伯陵、薄姑等古国。西周、春秋、战国时期，淄博地区乃齐国属地，都城为临淄。桓公时得宰相管仲变法改革之利，尝为春秋五霸之一。齐鲁古国比邻而居，但其文化指向不尽相同，鲁文化以儒家文化为代表，崇尚礼义，而齐文化则义、利并重，并能通权达变。管仲"设女闾三百以安商旅"之举，在今天看来也是非常大胆的举措，其文化意义不言而喻。此风既开，民众生活、商业习俗也因此而变，始具现代商业社会的雏形。至秦朝，淄博地区归属齐郡。汉初属齐国（刘肥封国）。西汉中后期，改属齐郡和济南郡。东汉、三国、西晋时，分属齐国（郡）和济南国（郡）。隋时属齐郡和北海郡。唐宋时属河南道的青州和淄州。元时属山东东西道的般阳路和益都路。明清时大部分属济南府和青州府，部分地区属武定府和沂州府。民国初基本同明清。

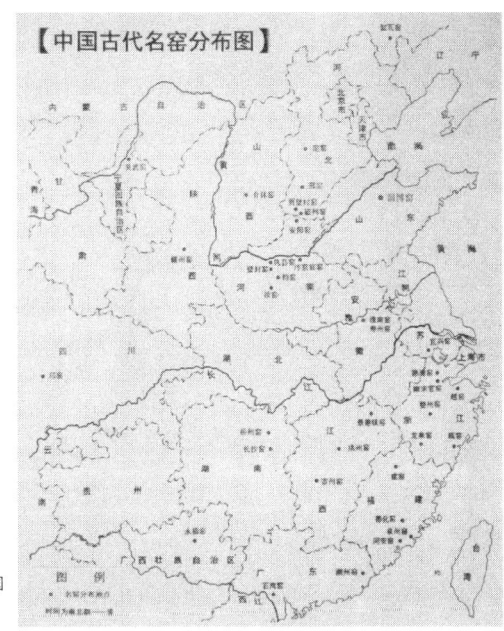

图12 引自国家文物局、中国历史博物馆《中国古代科技文物》

由于历代迭次交易、变更频密,数千年来,淄博地区未能形成统一的地方行政建置,仅有隶属于不同郡、府、州的县。其中较完整的有临淄县、淄川县、桓台县和博山县。"淄博"作为地域名称,是随着淄川、博山煤田开发于20年代初形成的。

淄博地质发展史上的太古代的基地形成由淄博地区的泰山群组成,有一套巨厚的沙质、钙泥质、泥沙质夹基性火山岩等优地槽型构造。经中深度变质而成黑云母角闪斜长片麻岩、斜长角闪岩及少量混合岩化变粒岩,同时有一系列的超基性、基性侵入岩伴生。晚太古代时期沿北西、北北西向基底断裂有过混合岩化作用。太古代末期的泰山运动,使原始地槽褶皱回返并基本固结。泰山群遭受强烈挤压和区域变质作用。

淄博向斜盆地在地质构造上属华北地台鲁西台背斜鲁中隆起的北部边缘部位,基底是22亿年前固结的前震旦纪古老变质岩系,盖层有寒武系、奥陶系、石岩系、二迭系、三迭系、侏罗系、白垩系、第三系及第四系地层。

图13 博山小巷

寒武系：主要分布于淄博市东南部及西部山区，其岩性主要为一套浅海相页岩、碳酸盐岩地层，总厚度为736米。

奥陶系：总厚度为800米左右，为一套海相碳酸盐地层。

石炭系：厚120米。出露于山前一带，为海陆交替沉积，主要为沙岩、页岩、煤层和薄层石灰岩。

二迭系：厚590米左右。

三迭系：凤凰山群，厚160米。出露于蕉庄、昆仑、二里一带，呈窄条状展布，露头面积不大。上部为红色沙质页岩，含砾石沙岩及红色带状或板状页岩。下部为暗红色沙质页岩及细沙岩，局部夹白色石英沙岩。

侏罗系：厚约770米。出露于淄博向斜轴部两侧，南起蕉庄、董家铺，北至贾黄、山障埠。底部为坊子组，厚约120米，含可采煤层三层，下部有一层厚2—3米的紫红色砾岩。中部昆仑组，厚约350米，由紫红色沙岩、沙页岩和灰白色至灰黄色中粒石英长石沙岩组成；下部有一层厚约10米的砾岩。上部三台组，厚约300米，以灰白色中粗粒石英沙岩为主，底部有一层砾石，砾石成分为火成岩及沙岩。

白垩系蒙阴组：出露于周村南部，面积不大，为暗绿色、浅黄色沙页岩互层，底部系沙岩，其中间以紫色安山岩流，伴闪长岩侵入体。

第三系：厚约70—150米。主要为玄武岩，不整合于侏罗系或其他老地层之上，出露面积不大。区内有较多钻孔在100—180米深度内揭露此层，厚度一般70—150米，底部有厚约5—10米的砾岩层，粒径2—10厘米，其上为玄武岩、黏土岩及砾岩等。玄武岩1—3层，厚10—50米。

第四系：主要分布于北部平原地区，南部地区的山间谷地、河谷两侧亦有分布。由老到新可大致划分为中更新统、上更新统、全新统。

1. 中更新统。分布于山前及山间沟谷地带，厚度变化较大，主要为棕红色沙质黏土类。在淄河西岸辛店附近，钻探深度在130米时可遇此层，岩性为砖红色和灰白色夹姜石及灰岩砾石的黏土，厚30米左右，覆盖于第三系沙砾岩之上，向北倾伏，黏土质细而匀，所夹砾石磨园度较好，成因上属冲积。

2. 上更新统。残积坡积层。出露于孝妇河以东的洪山山麓及双沟等地，南部山麓地带也有出露，主要为黄色、黄褐色黏质沙土夹碎石，颗粒粗细不均，分选性差，下伏基石。坡积洪积层。多分布于山间谷地及山麓前缘一带，其厚度依附于地形条件，一般3—15米。岩性为棕黄色黄土状沙质黏土和黏质沙土，中夹透镜状沙砾石层。冲积洪积层。分布于淄河、孝妇河下游的广阔平原。淄河冲积洪积层，主要分布于王朱以北。该层总厚度100—180米，自南向北，沉积物颗粒由大变小，沙砾石层厚度也由厚变薄，层次由单一到复杂。垂直剖面上形成沙砾石层与黏土层相间迭夹。在冲积扇的北侧，尚有一条呈北西向长约700米左右的古河道，古河道沉积厚30米左右，上部为厚约22米之黏质沙土夹姜石，下部为厚7—9米的沙砾石层，砾石成分为大理岩和石灰岩。孝妇河冲积洪积层，分布于张店、付家、马尚、贾黄一带，由南向北，厚度由30米增大至100余米，岩性为黄土状黏质沙质黏土，中间夹有1—3层沙砾石。砾石成分复杂，以石英沙岩为主，部分砾石已被钙质胶结成砾岩。湖沼沉积层。见于淄博北部平原，岩性为黑灰色至紫褐色沙质黏土或黏土，含腐殖质，有腥味，顶板埋深0.5—1.5米，层厚0.5—4米，含湖沼相淡水螺壳化石，表层为冲洪积物所覆盖。

3. 全新统。冲积层，分布于河谷漫滩及河床中，在淄河漫滩内岩性主要是沙和砾石，砾石成分以石灰岩为主，次为变质岩和火成岩，最大直径可达 40 厘米。自上游到下游，河谷逐渐加宽，最宽处可达 1500 米，地层逐渐增厚，厚达 20—30 米。孝妇河和范阳河冲积层在马尚以南，岩性为沙砾石，向北由粗沙逐渐过渡到细沙层。砾石成分有沙石岩、石灰岩和火成岩，磨圆度较好，一般砾径 10 厘米左右。冲积层宽度 60—90 米，厚度 10—20 米。

淄博地区岩浆岩分布面广，并具有多期活动的特点。

金岭闪长岩杂岩体：分布在张店东北，面积近 50 平方公里，受金岭短轴背斜控制，长轴成北东走向，与围岩接触线较整齐，但也有枝叉状、楔状、舌状与围岩穿插。

1. 混杂角闪辉长岩。灰黑色，块状及半自形粒状。呈现辉长辉绿结构和似斑状交代残余结构，矿物成分有斜长石、辉石、紫苏辉石、角闪石、黑云母及少量钾长石、石英等。

2. 黑云母闪长岩与角闪岩。灰兰或深灰色，中至细粒结构，块状构造，重要矿物成分有角闪石、辉石、黑云母、中长石、钾长石、石英等，其次有少量磷灰石。

3. 闪长岩类。出露于铁山、侯家庄、金召、付家山、隽家山一带，是主要成矿母岩之一。岩性为灰色、灰白色、淡红色，半自形中细粒结构及少部分似斑状结构，主要矿物成分有斜长石、角闪石、钾长石、黑云母及少量石英。

4. 脉岩类。有正长伟晶岩、石英正长岩、煌斑岩、闪长玢岩、细晶岩等。

白云山岩体：分布在王村镇北，邹平县境内，向东延至周村境内，在周村城区，多数钻孔穿过第四系后，都揭露到该喷出岩体。其岩性为杂色安山岩或安山玄武岩，黑暗色、黑色、紫褐色、紫红色、灰绿色，偶俱气孔构造或杏仁构造，斑晶为基性斜长石和普通辉石，基质由斜长石、辉石及玻璃质组成。

淄博向斜盆地位于山东马蹄形旋卷构造体系的外环东北边缘。全市构造特征是，褶皱平缓舒展而不甚发育，除较高一级的淄博向斜外，其他系与淄博向斜相伴生的次级小型褶皱；区内断层构造较为发育，尤以张性正断层为甚，纵横切割。

1. 淄博向斜：轴向 NE5°—8°，南起域城，北至张家庄，全长约 50 公里。东翼开阔，地层走向 NE40°—50°，倾向 NW，倾角 8°—15°；西翼窄陡，地层走向近 SN，倾向 E，倾角 15°—30°。南端封闭翘起，向北倾斜，呈一不对称的向斜构造。

2. 金岭穹窿：燕山中、晚期岩浆岩沿北东方向破裂面侵入中奥陶系，呈椭圆形穹窿状，长轴约 17 公里，走向 NE40°，知轴 6 公里。中心部位为中奥陶系和石岩二迭系。

3. 湖田向斜：位于金岭穹窿之南翼，轴向与金岭岩体近于一致，长度约 17 公里。轴部岩性为石炭二迭系，北翼地层窄而陡，南翼宽而缓。

4. 洪山向斜及背斜：位于洪山镇北部，轴向 NE20°，长度均在 3.5 公里左右，向斜在东，背斜在西，两者相距 1.3 公里，其间发育有断距 50—200 米的蟠龙山断层（西升东降）。向斜轴部出露二迭系上统，背斜轴部出露二迭系下统，其北端被近东西向的漫泗河平推断层所切。

5. 福山—西河向斜：分布于福山和西河镇一带，轴向 NE60°，与神头、西河断层轴平行，延伸长度近 10 公里。东南翼岩层倾向 NW10°—30°，倾角 10°—20°，北翼岩层倾向 SE30°，倾角 30°。

6. 石马向斜：分布于市区西南部的石马，向斜轴向 NE45°，向东延伸 2 公里后被石马断层切割而消失。西北翼岩层倾向 SE45°，倾角 40°，东南翼岩层倾向 NW45°，倾角 10°—20°。

断层按走向方向可分为四个大组。淄博市除以发育北东向、北西向、东西向及南北向四组断层构造为主要特征外，尚有规模较小的洼子断层、佛村断层、梨峪口断层、葫芦台断层、和庄断层、岳阳断层和淄博西部的宋家庄断层等。[①]

[①] 山东省淄博市博山区区志编委会编：《博山区志》，山东人民出版社 1990 年版，第 38 页。

1.2 旷达洒脱的文化品格

孝妇河乃淄河的一个分支,发源于博山神头庄颜庙内,注入马踏湖。此河所以取名孝妇,乃是由于一个名为颜文姜的女子。据民间传说,颜文姜新婚不久,丈夫即去世,她尽力侍奉公婆,每日去远处取山泉水供婆婆用。文姜的孝行感动了神灵,神人交给她一个神奇的马鞭,让她把马鞭插入水瓮中,用绢笼盖着,需要取水的时候只消用手轻提马鞭,瓮里的水顷刻便会注满。如此一来,文姜就再也不用为了取水而辛苦跋涉了。可是好景不长,这一秘密被婆婆发现后,不知就里的她猛地把马鞭从水瓮中抽了出来,洪水随之滚滚而出,堪堪淹没房屋和村庄。文姜得知发水缘由,急忙坐于瓮口,拼劲全力,以肉身堵塞住洪水,自己则疲劳至死。村民们为她的壮举所感动,纷纷称其为圣女、孝妇,并为之立祠,四时祭奠。文姜没后,有一股清流从她身下汩汩而出,源源不绝,流而成河。这条河流最初被称为袁水,后改陇水,清代改名孝妇河。

孝妇河不但是一处自然景观,而且是一处人文景观,养育、循化了很多人。清朝初年,孝妇河流域出现了三大文化名人,上游是诗人赵执信,他的著述颇丰,流传甚广,《谈龙录》尤其为人称道。赵执信字伸符,号秋谷,晚号饴山老人,生于康熙元年(1662年)10月21日,卒于乾隆九年(1744年)11月24日,代表作有《饴山诗集》19卷、《饴山文集》12卷、《诗余》1卷、《谈龙录》1卷、《声调谱》1卷、《礼俗权衡》2卷。

赵执信为人豪爽,颇有古代侠士之风,为文则磊落洒脱,好针砭时弊,不从流俗。在《谈龙录》中,他指斥诗歌创作中的种种不良现象,称一些诗歌缺少真情,乃至"言与心违";创作者目中无人,意向模糊,令读者"乌测其志之所在";长篇铺叙"徒事拉杂堆砌",殊尤新意。在他看来,诗非"以意为主","虽极词语之工,而岂文之正哉!"这些都表明了他注重现实、关注民生的创作倾向。而在这一点上,他也确实是实至名归的。他花费了许多精力研究民风、民俗,《礼俗权衡》这一著作集其大

图14 陶瓷世家

成，《礼俗权衡》为上下两卷，上卷为《辨族》《称名》《家箴》《仪节》等篇。下卷为《服制》《居丧》《吊祭》《殡葬》四篇，举凡当地言谈举止、亲朋居处、婚丧嫁娶等习俗，无不包罗其中。他创作《礼俗权衡》的本意，大概是为了匡正习俗、去伪存真、弘扬传统，所以对一些陋劣之俗进行了抨击，同时对一些优秀习俗进行了由衷的赞美。"吾乡婚礼远胜南国者，有数事焉：不受聘财，一也；妆奁不责厚薄，二也；必亲迎，三也。乃若撒帐、闹房一切恶习自昔未染。"① 由此足见他当时存在的一些儇薄习俗的鄙视。

赵执信熟读经典，对《周易》等前人著述很是熟悉，并且信手拈来，运用自如。他的诗文中曾多次直接引用《周易》或用《周易之典》。如《礼俗权衡·家箴》："《易》曰：'家人嗃嗃，悔厉吉。妇子嘻嘻，终吝火。烈水濡之义，非第行于国也。"此处所引，乃是《周易·家人》九三爻辞；《怡山文集补遗·博山新置义学记》："《易·贲》象曰：'山下有火。'其象曰：'君子观乎人文，以化成天下。'然则山者，文之表也；而

---

① 《赵执信全集·礼俗权衡家箴》，齐鲁书社1993年版。

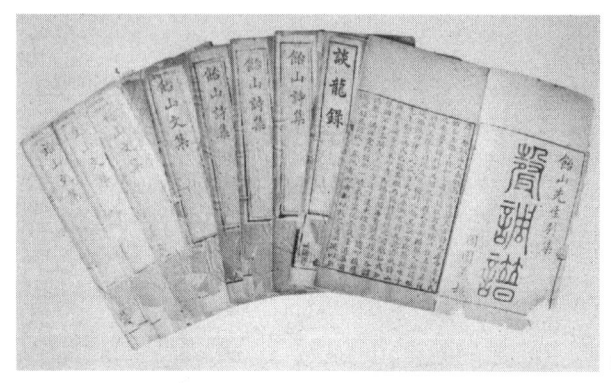

图15 赵执信 清 饴山堂集

人者，又载文者也。益都县西陲之地，有曰博山者，处群山之中，林莽阴黝，谿壑嵯峨，其象为'山有泉，蒙'而已。蒙则何文？顾蒙则不可以养也。"《强善从抄序》曾引《易》曰："君子自强不息。"他的诗《时雨后晴》有"燥湿愿常兼，水火乃终济"之句，直接说水火既济之意"。① 由此足见赵执信的才气。

赵执信行迹如此，而孝妇河中游的蒲松龄则以一部志怪小说集《聊斋志异》而引人侧目。蒲松龄（1640—1715）字留仙，一字剑臣，号柳泉居士，世称聊斋先生，淄川（今属淄博）人，出身于一个没落地主家庭，世代书香。科举不第之后，无意皓首穷经，于是四处采撷民间文学素材，悉心加工整理，著成文字，供人品赏，作品除《聊斋志异》外，还有《聊斋诗集》6卷、《聊斋文集》4卷、《聊斋俚曲》14种、戏曲3种以及杂著《省身语录怀邢录》等。《聊斋志异》运用浪漫主义创作方法，具有想象丰富、构思奇特、情节曲折、境界诡异等特色。它假托狐神鬼怪，揭露世情，针砭时弊，于当时的民间风俗也多有展示。而他所以遄飞逸兴、痴且不讳，能够在谈鬼志怪中消闲取乐，除了出于抒发心中况味的自我诉求之外，恐怕还与当地长期形成的旷达、醇厚的民俗有密切关联。从人文背景来看，淄博地区历来流行这样一种说法：万事万物皆有魂灵，归结到观念形态上，就是多神崇拜。这种多元化的奉敬观念，使得当地民众对妖狐鬼

---

① 《赵执信全集·礼俗权衡家箴》，齐鲁书社1993年版。

怪具有一定的亲近感，并非面目可憎、只可敬而远之。来自民间的丰厚滋养，或许正是蒲松龄得以取得如此成就的必要条件。同样写鬼怪故事，纪晓岚的《阅微草堂笔记》比之蒲松龄就拘谨得多。

孝妇河下游出现的另一个人物王士禛，是清初杰出诗人，并被称为有创造性的诗歌理论家。他博学好古，能鉴别书、画、鼎彝之属，精金石篆刻，诗为一代宗匠，与朱彝尊并称。书法高秀似晋人。他一生作诗4000余首，数量之多堪称清代诗坛之冠。著述达500余种，曾编写《古诗选》，撰写过《价元遗山论诗绝句》30首、《渔洋诗话》等著作。王士禛的最大贡献是提倡"神韵"说。他在《池北偶谈记载》中这样写道：汾阳孔文谷天胤云："诗以达性，然须清远为尚。薛西原论文诗，独取谢康乐、王摩诘、孟浩然、韦应物，言'白云抱幽石，绿筱媚清涟'，清也；'表灵物莫赏，蕴真谁为传'，远也；'何必丝与竹，山水有情义''景昃鸣禽集，水木湛清华,'清远兼之也。总其妙在神韵矣。"神韵几字，予向论诗，首为学人拈出，不知先见于此。刘勰《文心雕龙·情采》中记，艺术创作应以"述志为本"。"志"即人们在客观事物影响下所产生的思想情感。唐柳冕说："道有深浅，故文有崇替；时有好尚，故俗有雅郑，出乎心而成风。"

王士禛在《渔洋诗话》中辑录了一些前人有关诗歌创作方面的言论，如"蓝田日暖，良玉生烟""不著一字，尽得风流""神出古异，淡不可收""采采流水，蓬蓬远春"等，借以表达自己的创作思想。《渔洋诗话》（中卷）第七八则说：洪昇昉思问诗法于施愚山，先述余凤昔言诗大旨。愚山曰："子师言诗，如华言楼阁，弹指即现；又如仙人五城十二楼，缥缈俱在天际。余即不然，譬作室者，瓴甓木石，一一须平地筑起。"洪曰："此禅宗顿、渐二义也。"洪昇将施闰章、王士禛之间的诗法差异归结为禅宗顿悟、渐悟的不同，由此可见王士禛诗歌的独特个性。

王士禛虽然崇尚，倡导以冲淡、清奇、自然为最得神韵之致的三品，却并不排斥其他风格，从《渔洋诗话》中可以看出他推许百家之论。其所以如此，或许也是因为他受了孝妇河流域旷达民风的浸润所致。据说他是蒲松龄的朋友，曾经为《聊斋志异》作过点评。了解了这一点，就可以从一定程度上了解他的为诗之道了。

淄博地区物华天宝、地灵人杰，能够在 17 世纪下半叶于孝妇河畔产生这三位文化名人绝非偶然，与其长期以来的文化繁盛和商业繁荣不无关联。那个时期，淄博地区人文景况之盛实可与经济富庶、文化较发达的江浙一带相抗衡。而以赵执信、蒲松龄、王士禛为代表的一代文人墨客的出现，又为本已绚烂的人文图画添上了益为耀人眼目的浓墨重彩。而这与陶瓷艺术一样，都不过是当地社会发展的一个缩影。

1.3 商业文明滋养下的消费习俗

近代的淄博应该说是一个相当典型的移民城镇，当地一些家谱资料可证。仅以博山为例。"明代以前的博山人口发展比较缓慢，明清时期的社会动荡，使得原住民急剧减少，外来徙居人口则骤然增多。明洪武、永乐年间的大徙民活动以及清康熙、雍正年间的垦田及农业经济恢复时期，由于政府颁布了'永不起科''垦无主荒田作为世业，免科三年'等一系列法令，原来地广人稀的博山居民成倍增加，自然村数目也随之急剧上升。"①

这些迁入居民来自东西南北，出自不同的文化环境，骤然聚拢在一起，虽然给人以五味杂陈的感觉，却给当地带来一股清新、鲜活的文化风习。这种新的风习与当地固有的文化传统融合在一起，就形成了一种新的文化品格，那就是求新求变、开拓创新。

这种求新求变的心态在当时的淄博民众中是逐渐占了上风的。当然，在这一推陈出新的过程中，原住民与移入者的冲突是不可避免的。"资料表明，明初以来，外来客籍与当地土著居民之间的矛盾日益尖锐。土著居民基本上以农为业，多居穷乡僻壤，经济力量薄弱，宗法观念极强，有诸多陋习。淄博地名委员会调查人员就曾在一部谱系图里，发展两家土著人

---

① 张士闪：《乡民艺术的文化读解》，山东人民出版社 2005 年版。

| 图16 锔破的工艺 |

| 图17 锔破的工艺 |

之间竟连续联姻达十一世！饶是如此，他们一开始依然被移入者尊称为'土大夫'，自我感觉良好。可是后来的情况却令他们颜面无存、威风扫地。随着外来移民数量的不断增加、实力的逐渐强盛，两种文明的碰撞日趋强烈，封建的、保守的、讲究宗法伦理秩序的土著文明终于抵敌不住客籍更为务实、灵活的准商业文明的冲击。在这种情势下，一些'土大夫'的后裔为了摆脱受歧视、遭欺凌的处境，不愿再公开承认自己是土著，甚至干脆加入同姓氏客籍族群中。就这样，土著居民及其所特别推崇的传统宗法约束力量像影子一样从这块土地上无声无息地消失了。"①

外来移民带来的当然是实际的东西，而且每个人都受益匪浅。新的文化理念统驭下的商业繁荣，使得当地的社会风貌迅速改观。"要想吃好饭，围着博山转"，"金周村、银潍县，赶不上一个小博山"。这是昔日整个淄博地区妇孺皆知的民谚俗语。陶瓷、琉璃、丝绸三大产业的兴盛，带动了整个淄博地区的经济发展，吸引了更多外埠他乡的人前来定居。尽管该地区多山岭，气候条件亦不甚适宜耕种，但地下富矿的开采利用却提供了数万个就业机会，"故无职业者绝少，男女均能自给"。②

商业氛围的形成，不仅改变着人们的从业观念，而且改变着人们的生活习惯特别是消费习俗。以勤俭持家为守则的简约生活状态被打破，代之

---

① 冯梦令：《淄博氏族文化研究》，中国戏剧出版社2007年版。
② 林修竹编：《博山县乡土调查录》，1909年版。

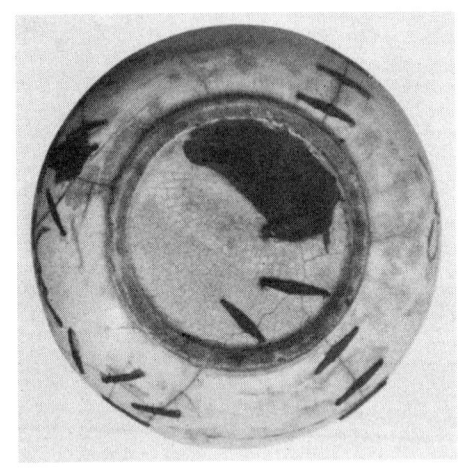

图18 锔破的工艺

而起的是以满足自身享受为要义的奢侈之风。仅以洗浴为例,清末民初淄博地区最早出现的五个浴池中博山竟占了四个!难怪林修竹在其《调查录》中叹惋连声:"近来外人混集,良莠混杂,加之工人匠作只知纵欲口腹,不思储蓄,崇俭之风荡然矣。"如此一来,博山便成为四方瞩目之地,外地人总要巧立名目前来游玩一阵。这一流俗一直沿袭下来,直到20世纪70年代,临县青年男女结婚前还有逛淄博的约定程序。这种较为富裕的经济生活以及相对开放的消费习俗,是民窑陶瓷得以形成和发展的重要支撑。

1.4 发达的民间手工业

透过淄博地区农、商诸业的发展,就不能不提当地发达的民间手工业,它们不但给当地经济注入了活力,而且其中的许多产品成为蜚声海内外的特色商品。

"淄博的琉璃雕刻远近闻名,其造型、取材可谓五花八门,既有方条、笔架、笔筒、镇纸等实用类的文具品类,又有专供馈赠赏玩的所谓纯艺术制品,如美人瓶、瓜棱瓶、人景雕绘等。至于描述对象,有的只是对花卉山水禽鸟走兽作单纯刻摹，有的则利用传统吉祥构图，表达求吉祈福的意愿心态，如天女散花、龙凤呈祥、松鹤延年、凤对牡丹等。还有一些作品以神话传说、历史故事为主题，如'女娲补天'壶、'大禹治水'瓶、'红叶题诗'壶、'孙悟空三打白骨精'文瓶、'宝琴立雪'立雕等。取材不拘一格，包罗万象。"①

这类具有相当实用价值的工艺制作，在构思、生产过程中往往有着较强的针对性，久而久之，逐渐形成一整套较为固定的艺术表现程式和制作工序。如博山大漆工艺，图案多取用民众喜闻乐见的象征。

"吉祥的传统构图，如满堂富贵、喜鹊登梅、松鹤延年、鸳鸯荷花、安居乐业（鹌鹑、菊、红叶）等。因敷过一层清漆而变得金光闪闪的银箔线图案与器面的紫红底色相映衬，显得和谐大方、雅致古朴、富丽堂皇，其意象极其符合人们讲究红火热闹祈福求吉的心态，广为世人青睐。民国时期，仅是博山六大漆店之一的恒德漆店，业务就包揽了大半个山东。相比之下，早期的琉璃花球则显得比较具文人贵族气，或原始朴拙，或落寞悠远。其所以如此，可能与它们主要销往海外或是国内皇室贵胄之家、构思创制中多参照瑞士、意大利等'番邦'技艺有关。"

这种取材随意、风格跳跃、意境深远的艺术表现，反映出了制作者积极的创作心态和灵动的创作手法，而支撑它的骨架，则是土、外居民融合之后的全新文化态势。

这一文化态势的一个精髓，就是改革创新。在这个手工业相对发达的世界里，创新就意味着财富，只有不断求变求新，才能在竞争中立于不败之地。"淄博琉璃工艺所以能够体现出该行业的最高水平、成为全国的制作中心，与艺人们积极创新、大胆求变的精神是分不开的。清康熙、雍正、乾隆年间，中国的海外贸易持续扩大，英、法、意、日、比等国纷纷与中国通商，中国的手工艺品成为大宗出口商品，其中尤以珠玉、玛瑙、瓷石、竹木等材料制作的鼻烟壶最为珍贵，不仅成为宫廷赠品，而且是国

---

① 淄博市政协文史资料研究委员会编：《淄博陶瓷琉璃大观》，山东大学出版社1993年版。

图19 淄博琉璃窑炉

外豪商不惜重金购求的对象。"① 面对这一供求态势,博山炉工发明了琉璃套料制作品,顷刻使他种鼻烟壶相形见绌,成为该市场中的翘楚。所谓套料,就是琉璃套色,在单色琉璃为底的壶坯上,套上一层或数层不同的色彩,经过雕琢,显现出鲜艳的花纹、图形。凭借这一高超的技艺、精纯的艺术,博山炉工顿时声名鹊起。嘉庆以后,时尚突变,人们的消费重心由琉璃转向珠玉,淄博炉工们又与时俱进,及时改进原料和生产工艺,制作出了冲玉料镯、料珠、铺丝、珐琅、内画瓶等几可充翠代玉、以假乱真的仿制品,重新巩固了自己的销售市场。曾在清末民初年间热销的琉璃花球本是炉工们即兴戏作送给孩子们玩的,后来被社会上一些豪富官宦视为稀罕的艺术珍品,炉工张奎元与其徒弟左承顺见状,立即抓住这一市场机会,加以批量制作,收获不赘。"1910年,有人偶然从北京带回一个瑞士花瓶样品,张积远和张敬荣很快便仿制成功,并开拓出了'万花球'系列。青年炉工孔宪芝创制了专门适宜花球生产的全套工具与圆炉,扩大了花球的花样品种,如扎瓣花球、变形花球等,产品畅销全国和南洋各地。几代炉工的创新求变精神与不懈努力,使淄博花球艺术成为我国明间艺术中的一朵奇葩。"②

———————

①② 淄博市政协文史资料研究委员会编:《淄博陶瓷琉璃大观》,山东大学出版社1993年版。

淄博一带是中国桑蚕丝绸业的重要发源地之一，具有悠久的历史。原始社会末期，当地人就已学会养蚕织帛，并创制了简单的纺织工具。夏商时代，他们已能缫制出较细的丝，织出像纨一样较精细的织物，以及有暗花的文绮。春秋战国时期，齐国大力倡导发展桑蚕业，临淄丝绸业于是借水行舟，取得了明显的突破，已能生产彩色提花织物等高级制品，主要品种有素、绢、绫、纨、绮、绡、锦等。临淄因此以"桑蚕女红"闻名，号称"冠带衣履天下"，所产重锦、文锦、罗纨绮缟和精美刺绣，为各诸侯国所喜爱，行销各地。

"汉代全国共有从事丝织品加工的服官两处，临淄乃其一。公元前7年（汉成帝绥和二年），临淄织工试制并使用织花机代替手工刺绣。此外，临淄丝绸还为开辟'丝绸之路'做出了贡献。诺音乌拉出土的MP931和MP1729号标本，便是与当时临淄服官生产的天目纱相同的产品。"

明清时期，周村桑蚕丝织业逐渐兴盛。明万历年间，周村丝织手工业已初具规模，为当地五大行业之首。至清乾隆年间，周村已成为一个蚕丝制品集散地，附近农村及邻县所产茧、丝大都运至此处出售。在此时期，淄川的桑蚕丝织业也很兴盛。《淄川乡土志》载："蚕丝本境天然之大宗，每届春令，比户饲之，乡民一年之需多半仰给于此。以饲蚕之盛衰，定年岁之丰歉……蚕茧作成，仍售于邻境周村商贾织造。"当时周村及其周围农村，包括淄川县王村附近毕家庄一带，出现了很多家庭丝织手工作坊。至清末，各地丝商也纷纷到周村投资办厂，周村逐渐发展成山东丝织业的中心。

"19世纪70年代，周村出现了民族资本主义丝织手工工厂，丝织业开始逐步从农忙停机、农闲开机的家庭副业走向专业化生产。1904年，胶济铁路通车，周村被辟为商埠，成为省内最大的茧丝绸集散地。1924年，周村创办第一家提花纹制工厂，专门为各丝织厂设计品种花样，轧制提花板。到1925年，周村人力提花机发展到6000余台，工人3万余人，年产丝绸2500万米。周村先后创办的蒸汽机缫丝厂有裕厚堂、恒兴德、同丰、元丰等数家，共有缫丝机500余台，蒸汽锅炉7座。同时尚有手工缫丝厂数十家。随着丝织业的发展，丝绸炼染业也迅速崛起，此时，周村共有染坊50余家。有首民谣反映了周村这一时期丝绸业的繁荣景象："桑植满田园，户户皆养蚕，步步闻机声，家家织绸缎。"淄川、桓台和周村附近农村中拥有2—4台织机的小机坊大量涌现。1930年，丝织机猛增至1.4万台，织工数万人，年产绸6000万米以上，品种达30余个，产品行销全国各地，并经上海销往香港、南洋等地。中共十一届三中全会后，淄博丝绸业走上了稳步健康发展的道路。1981年成立淄博市丝绸公司，统一协调管理全市的茧、丝、绸生产和贸易。1982年，市丝绸公司拨款27万元扶持蚕桑生产，建专用桑园1925亩，零星植桑39.4万株。1984年，贯彻以出口产品为主、以真丝产品为主、以中高档产品为主的经营方针，狠抓出口骨干商品的培育。1985年，出口产品产量达444.34万米，出口品种20余个，销往12个国家和地区。淄博市因此成为全国12个丝绸出口生产基地之一。

蚕桑生产自古以来即为淄博农户的主要副业生产。境内临淄、孝妇河两岸及山区丘陵地带，是蚕桑产品的主产区。①

近代淄博缫丝业分布于周村、博山、张店等地，以周村为最盛，产品为大框丝。

明清至民国期间，周村、王村一带的丝织业已很有名，而以周村最为繁盛。明朝万历年间，丝织业已成为周村五大行业之首。新中国成立后，淄博织绸业迅速发展。1960年，周村各厂、社承接了试织山东省南郊宾馆和北京人民大会堂山东厅装饰品的任务，共试制出高级产品22个，达到标准投产的16个，丝织一厂随后又设计、生产了丝织伟人像、巨幅棉织伟人像和丝织风景等高难度的大提花织物。

淄博丝绸印染业与丝织业兴起的时间大致相同，约有300多年的历史，最初系家庭作坊，工具简陋，且多集中在周村。

---

① 山东省淄博市编纂委员汇编：《周村区志》，1999年。

第二章 淄博窑的历史沿革

中国被称为陶瓷之国，年深久远。就陶瓷发展的历史而言，由于原料，烧成及工艺技术的不断改进，历史上曾经历了从陶到粗瓷再到细瓷的衍变和发展过程。淄博陶瓷生产历史悠久，境内陶瓷原料及烧制资源丰富。据史料记载和考古学家研究考证，早在距今约 8000 年前的后李文化时期，淄博的先民们便已抟土制器，掘地筑窑，焚柴而陶。作为中国陶瓷生产的重要基地之一，淄博地区的陶瓷衍变进程基本上与中国陶瓷的衍变进程相对应。

2.1 初始时期的陶器制造

陶器的烧制成功，对于人类由野蛮进入文明，由采集游牧生活到农业定居生活起着极为重要的作用。淄博地区黏土分布广，原料和燃料取用方便，故陶器一经产生，即在这一地区被大量制作、广泛应用，成为当地人日常生活中不可缺少的组成部分。淄博地区考古调查中发现的众多的古人类居住遗址和出土文物表明，该地区陶器的烧制最早见于新石器时代早期的后李文化时期，距今已有七八千余年的历史，并且形成了独特的区域特点和发展序列，是鲁北地区古史古国文化的重要瑰宝。淄博境内的张店浮山驿、黄家和临淄后李等遗址出土的陶器，属新石器时代北辛文化范畴，距今已有七八千余年。此类遗址出土的陶器主要是钵、鼎、罐、盆等生活器件，多为红陶和褐色陶，表面多带有锥刺纹、附加堆纹、划纹、网纹等原始纹饰。一应陶器陶质较精，烧制火候较低，陶色不正，器类简单，器

图20　大口陶尊　后李文化时期

图21　陶鬶　龙山文化时期

型笨拙，皆为手工制作，制作工艺原始、简单。但从陶器产生的一般规律分析，此类陶器不是陶器制作的初始阶段。淄博地区陶器烧制生产的历史还应提前到旧石器时代的晚期阶段，这有待新的考古发现来进一步证实。

　　淄博地区自新石器时代早期产生陶器后，经过百余年的烧制经验积累，到了新石器时代中期阶段（距今5000年左右）进入了成熟发展时期，而其大踏步发展则是新石器时代晚期阶段的大汶口文化和龙山文化时期。

　　由于社会的进步和生产力的提高，农业产生有了较大的发展，人类普遍进入以农业生产为主的定居生活阶段，社会组织形态也由原始群居阶段进入母系氏族公社阶段。定居生活增加了人们器物需求的稳定性和迫切性，而农业的发展则创造出相应的供给，提供了满足器物需求的可能。这是淄博地区原始社会陶器得以产生和发展的社会基础。伴随农业生产技术的进步，人们征服自然的技艺得到了全面提高。在此基础上发展起来的制陶技术也不断进步，由手制转向轮制。轮制技术的出现和广泛应用是当时陶器制造中的一个重大技术突破。后来，人们又逐步掌握了还原烧制法，以此烧制出了规整美观的黑陶器。距今4000余年的龙山文化时期烧制出的薄如壳、黑如漆的"蛋壳陶"陶器，创造了我国陶器史上的新高峰，体

|图22　灰陶鼎　东周|

现出当时陶业所达到的高超水平。除此以外，艺人们还烧制出了素面白陶和彩陶，并开始在陶器上刻画文字符号。这一时期陶器的器类除以生活器皿为主外，还有礼器和酒器，从而证明当时的陶作坊内部已经有了专业分工。常见的器型有鼎、鬲、杯、罐、盘、盆、豆等，陶塑也较常见，多为动物造型，由此开创了陶塑艺术制陶的先河。

淄博地区所遗存的原始文化，具有鲜明的地方特色，是古史所载东夷爽鸠氏部族的物质文化的反映。而其遗址中所出土的陶器，是淄博地区发现的最早的原始陶器，从而开创了淄博地区烧制陶器的历史，进而证明淄博地区制陶不仅从原始社会晚期业已开始，而且工艺先进，制器精美，器类齐全，达到了很高的艺术水平，创造了以陶器为主的灿烂悠久的地方文化。

2.2 独具特色的建筑制陶

公元前21世纪的夏代，我国进入了奴隶社会的繁荣时期。这一时期，由于青铜器和原始青釉瓷器的出现和广泛使用，陶器的烧制不及龙山文化时期那么受重视，制器也不像先前精美，陶器已然沦落为一般贫民的生活器具和随葬器皿，而贵族阶层则多使用青铜器。但陶器的使用并未因此消减，相反地，其烧制量较先前更大，技术更娴熟，工艺更先进。农业和手工业的第二次社会大分工，使得制陶生产更加专业化了。

这一时期，淄博有据可考的文化遗存是岳石文化。岳石文化是一种地方性文化，是土著东夷原始文化的继续和发展。此一文化背景下出产的陶器质粗壁厚，多磨光。三足器以舌形短足为其特征，带盖器亦较常见，多素面。常见的器类有罐、豆、尊、鬲、鼎等。

考古发现的淄博地区在商代所烧制的陶器多属中晚期，以灰陶为主，多见粗绳纹。其时在淄博地区范围内建立的国家是薄姑国。薄姑国是商代鲁北地区所建立的重要方国，属淄博境内东夷部族发展到商代所建立的方国，据考都城当在今桓台荀召一带，国势曾强盛一时，因参与"三临作乱"反抗君主国，被周公东征所灭。薄姑国的陶器以鬲、豆、罐为其组合，常见粗绳纹鬲、短粗柄豆、尊、盆等，有些器物与中原地区同类器极相似，说明与中原之间存在着文化上的交流。另有一种素面筒形鬲和罐，与上器迥然有别，应是当地土著文化的代表性器物。

春秋战国时期，齐国国力强盛，工商繁荣，制陶业发展迅猛，不仅民用陶器的品类不断增加，而且陶器的适用范围不断扩大，出现了彩绘的陶器随葬品、陶质量器和用于建筑的陶器，如板瓦、筒瓦、饰纹瓦当等。《新城县志》在《沈猷候邑》条下说到古城时说："相传（古城）即新城之古城，旧称东高苑者。故老相传，此门内西侧有管仲井。"[①]《重修新城县志》又说："城东十五里古城庄，北门内有古井，传为管仲所凿，井以瓦，博四尺，厚五寸、土人出之，坚如石。"可见当时陶器应用研究之广泛、烧造技艺之先进。

齐文化是周文化与当地土著文化相互融合，既而吸收周围不同文化的有益成分所形成的一种具有鲜明地方特色的地域文化，与鲁及其他邻近地域的文化迥然有别。齐文化形成的多元性，决定了齐文化具有务实开放、

---

① 淄博市政协文史资料研究委员会编：《淄博陶瓷琉璃大观》，山东大学出版社1992年版。

图23 瓦当 战国

从善如流等特点,这是齐国之所以能较快富强的重要原因之一,也是其制陶水平不落人后的根源之一。根据考古发掘资料,淄博地区西周以后的制陶技术上承夏商,日益精进,除日用陶器外,还出现了釉陶和原始瓷器,以及建筑制陶、工具制陶、工艺制陶等专业制陶业,制陶业呈现出规模化、专业化的特点。该地区目前发现的陶器有三个系列,即春秋时期的粗绳纹灰陶鬲、豆、罐、簋发展到战国时期的鼎、豆、壶为组合的陶器;此类陶器具有中原商周文化的特点,是中原商朝和周族文化在齐地的反映;商周时期的素质面筒形鬲、素面深腹罐和粗柄深盘豆发展到春秋时期的鬲、豆、罐再到战国时期的罐、豆、盆、盂的器物组合,此系当地土著齐人创造的物质文化;还见以簋形豆、鬲、罐为组合的器物,它似是土著文化吸收东部莱夷文化在当地创造的另一种物质文化。齐国的建筑制陶不仅独具特色,而且也很发达,这是城市出现后随之产生的新兴制陶业。常见的建筑构件有瓦当、板瓦、筒瓦、铺地砖、下水管道、建筑用砖等。上述制陶设计美观精巧、科学合理,反映了当时齐国建筑业的发达和城市建筑的庞大规模。

此外,临淄齐故城博物馆在发掘齐景公殉马坑下西周墓时,出土了两年青釉瓷豆,这是淄博地区目前发现最早的原始瓷器,说明淄博地区早在西周时期已发明并使用了原始瓷器,这在淄博陶瓷史研究上具有重要的价值。

战国前期(公元前385年)田氏代齐后,齐国进入封建社会。战国时期齐国封建社会的制陶情况已如上述。秦、汉建立了统一的封建君主制国家，齐国作为异姓诸侯国已然消亡，然而淄博地区以临淄为中心的广大区域的经济、文化仍很发达，是当时全国五大都市之一，仅次于京都长安。秦时为齐国郡，汉初复封齐国，从临淄大武西汉齐王墓出土的陶器看，制陶业仍以生产生活器和礼制陶器为主，所制陶器更为精致美观、大方实用，常见有鼎、壶、纺、锤、盆、罐、瓮、勺等器类。

建筑制陶更为发达、使用更加普遍。所制瓦当为圆形，上画龙虎文字画案。从遗址调查出土遗物看，砖瓦多而普遍，在用途上不仅用于地面殿房建设，而且开始用于古墓建造，开古墓砖建宏伟豪华之先河。东汉时期随着地主庄园经济的发展，模型制陶、日用陶器、冥器、陶塑、建筑用陶更加发达，为随葬而专制的模型冥器和各类工艺陶塑的大量烧制是当时制陶的一大特点。常见的陶制模型冥器有各类楼阁、圈灶、风车、陶臼等，不仅器型高大，而且造型逼真，制作复杂，反映了当时高超的制陶技术。而大量出现的各类人俑、马俑、艺俑，反映劳动生活场面的组级俑，以及各类动物陶塑，均塑造得朴实纯真、栩栩如生，反映了东汉时期陶塑艺术已经达到了相当高的水平。就在这一时期，我国南方以江浙为中心的广大地区已烧制出青釉瓷器，陶瓷烧制进入以瓷器生产为主的新时期。

东汉后期我国北方地区由于长期战乱，人口大为减少，经济萧条，生产发展缓慢，我国的经济中心逐渐由北方转移至南方；所以魏晋南北朝时期淄博地区制陶业除建筑制陶、工艺美术制陶继续发展外，日用陶器已然式微，开始为瓷器所代替。这说明，陶器烧制已趋向衰退。从这一时期的墓葬发掘资料看，釉陶较为常见。唐代是中国封建社会政治、经济、文化高度的鼎盛时期，出现了我国陶器发展史上制陶的第二个高峰时期，发明创烧出了三彩陶器。三彩属低温釉陶，以黄、绿、蓝三种颜色为主烧制而成，后人称之为唐三彩。三彩陶器多以各种美术陶塑工艺器和日用生活器皿为主，属工艺美术制陶范畴，主要见于随葬的冥器，这与唐代的厚葬习俗有关。

三彩陶器当然并不仅仅是为了随葬，日常生活中亦随处可见。它所做成的生活器皿有瓶、壶、罐、盂、杯、盘、枕等；建筑物有亭台楼阁、假山水榭；牲畜有马、驴、骆驼、猪、羊、狗、鸡、鸭等；人俑有贵妇人、男女侍俑、文武官吏、天王等。据考古发现和史料记载，三彩陶器主要烧制生产于西安和洛阳一带。淄博地区仅在淄川罗村出土一件三彩炉，是否为当地烧制还有待研究。

三彩陶器不仅绚丽斑斓、富有浪漫色彩，而且各类动雕塑形象逼真、造型优美，是我国艺术宝库中的珍品，代表了当时我国制陶艺术的高超水平，是我国制陶业长期发展的结晶，也是中华民族在制陶业方面对世界物质文明做出的又一巨大贡献。

2.3 独领风骚的寨里窑火

陶器生产历时既久，其工艺、技术不但有了长足的进步，而且产生了质的飞跃，陶瓷生产由此进入了一个新的阶段——瓷器制作。史料记载，我国在原始社会晚期的大汶口文化时期就已烧制出白陶，白陶是用瓷土原料高岭土烧制而成的，因此有的学者称之为素面瓷器。迨至商朝，已能烧制出原始青釉瓷器。从品质上说，上述产品仅可算作类瓷器。东汉时期，南方地区烧制出了真正的瓷器——表瓷。

淄博瓷器烧制的历史较其他地区并不落后，淄川口头曾出土大汶口文化时期的白陶单耳杯等陶器，临淄出土了西周时期的表釉瓷豆，表明当时已经能够与其他地区同步制作原始瓷器。这一地区的东汉墓葬和临淄北朝崔氏墓地出土的青釉瓷白杯、青釉瓷碗、狮形水术、鸡首瓷瓶等瓷器，在一定程度上印证了当时的瓷器生产和使用已经具备一定规模。淄博地区古瓷窑址调查发掘资料披露，淄博南部的淄川、博山一带有众多的古瓷窑址，足见它曾是我国北方地区重要的瓷器生产基地之一。据考证，淄博地区规模化的瓷器生产始于北朝晚期，是我国北方较早烧制瓷器的地区之一，距今已有1400余年的历史。

淄博地区最初烧制瓷器的地点在淄川寨里镇的"寨里窑址"。从窑址面积看，当时的瓷器生产已初具规模，范围较大，持续时间长，是我国北

图24 青釉莲花尊 北朝

方早期育种瓷器的重要产地。该窑生产的青瓷，胎骨一般较薄，带灰白色，烧结度较高。早期产品大都釉色斑驳，颇具初创时期的风格。晚期工艺改进，采用二次上釉，使釉面加厚，明亮加厚，明亮润泽，胎骨坚硬，达到了较高的水平。器型以碗、盘、罐、缸最为常见。该窑址生产的青釉莲花瓷器型体高大、造型优美、装饰瑰丽、工艺复杂，堪称我国早期青瓷器中的艺术珍品，是淄博早期青瓷的代表作品，也是我国北方少有的青瓷精品。寨里窑烧制瓷器的持续时间较长，至唐代仍未停歇，而且规模较前有所扩大，产品更为精致。据考古文献记载，"淄博寨里窑是目前发现年代最早的一处北方青瓷窑址"。[1] 大约在北齐以后，寨里窑青瓷工艺有了很大程度发展，青瓷贴花器物残片的发现，便是寨里窑制瓷工艺水平的标志。

---

[1] 山东省博物馆：《中国古代窑址调查发掘报告集·山东淄博寨里窑北朝青瓷窑址调查纪要》，文物出版社1984年版，第359页。

|图25　大鱼盘　近代|

除寨里窑继续烧制外，磁村等窑也开始兴起。磁村窑位于淄川磁村，窑址主要分布在村南和村东一带，面积较大，始于唐而终于元。初期烧制青瓷产品，造型轻巧别致，釉色纯净；中晚期大量烧制黑釉瓷器，器类丰富，数量众多，有碗、盘、壶、瓶、罐及各类玩具等。产品釉色晶莹滋润，色黑如漆，在我国北方诸窑中颇具特色。唐代晚期，磁村窑在大量烧制黑釉瓷器的同时，开始试烧釉滴瓷器（俗称雨点釉）。"该窑址已然发掘出目前我国最早的釉滴黑瓷标本，说明当时制瓷工艺已较先进。"[1] 唐末五代时期磁村窑开始生产白釉瓷器，并盛行在白釉上点绿色彩，开创了淄博生产彩瓷的先河。

2.4 各享其利的专业化分工

淄博瓷器生产至宋代进入全盛时期，烧制点越来越多，规模日益扩大。仅淄川区域内，现今发现的窑址就有磁村窑、郝家窑，巩家坞等多

---

[1] 《山东淄博窑址出土的油滴瓷器》，《考古》1988 年第 9 期。

图26 青花大鱼盘 近代

处，散布在从城区到八陡 10 余公里的地面上。

这一时期，瓷器制作的一个主要特点就是高档次和精细化。宫廷对精美瓷器的需求及其颁布的严苛质量法规，使得生产者不敢有丝毫的马虎和懈怠。《宋会要辑稿》中记载："瓷器库在建隆坊，掌授明、越、饶州，定州，青州自瓷器及漆器以给用，京朝三班内侍二人监库。宋太宗淳化元年七月，诏瓷器库纳诸州瓷器拣出缺纹数目等第科罪，不及一厘特予除破，二厘勉决勒陪都给破者，三厘笞四十，四厘笞五十，五厘杖六十，六厘杖七十，七厘以上不计多少杖八十。真宗景德四年九月，诏瓷器库除拣封桩供进外，余者令本库持样三司行人，估价出头。"①

从这段记载可以看出，宫廷为贡品瓷器设了专库，并有明确的质量要求和惩罚措施。在此情况下，生产者不得不严格质量管理、不断改进生产工艺，以便能够顺利交差。其中提到的饶州，指的就是江西景德镇；定州即今河北省曲阳，以产粉定瓷知名；青州瓷即产在今淄川、博山一带，盖淄博当时属青州管辖。严苛的官律，于提高当时的瓷器生产的水平起到了

---

① 淄博市政协文史资料研究委员会编；李障天、谭舜立执笔：《历代淄博陶瓷发展述略·淄博陶瓷琉璃大观》，山东大学出版社 1992 年版，第 3—7 页。

图27 黑釉盏 宋代

有益作用。

　　磁村窑是宋代淄博陶瓷生产水平的典型代表。从窑王殿旧址附近大量堆积的陶瓷碎片、窑钉、窑具等可以看出，这里不但生产了大量的日用陶瓷，而且有些陶瓷器物开始由厚重实用向轻薄精巧转变，釉色品种和质量也日臻丰富、完善。施釉以单色居多，有黑釉、白釉、灰釉、青釉、燎绿、燎黄、褐色、茶叶末、白地绿斑轴等，还有近似"紫定"的酱色釉，细品白如奶、黑如膏、致密光亮。有关专家考察认定，其中的白釉黑花器胎薄光洁，可与磁州窑媲美；乳向印花、刻花器与定窑有近似风格；白地绿斑釉是在唐三彩基础上进行创新的产物。

　　这一时期，有几样瓷色是淄博当地的名贵品种，享誉海内外。

　　茶叶末釉色。其色青黄，和茶叶末色相似，其深者为蟹甲青，浅者为鳝鱼黄，多施于瓶罐等器物，古色古香，受人珍重。

　　雨点瓷。也叫油滴瓷，有大油滴和小油滴之分。黑色釉面上散布着铅色的斑点，闪烁有光亮。其奇妙之处在于，器内注入清水时斑点出现银白色，注入茶水时又呈现金黄色，阴晴朝暮，各有变化。大油滴有大斑点，大小间杂。小油滴均为大小一样的小斑点分布。釉细、平滑、光亮。斑点圆匀、铅色为上品。

　　粉棱瓷。或称粉杠瓷，在黑釉之上加上白釉线。多施于瓜棱、瓶罐或其他有棱的器物上，通体挂黑釉，于棱凸处挂白釉，形成黑白相间、对比鲜明的色调，是宋元时期的稀有瓷器品种。此项技艺后来失传。

从当时各家瓷窑所生产的产品来看，郝家窑与磁村窑大体相同，产品以白釉为多，黑釉次之。坡地窑规模很大，总面积约5万平方米，但产品质甚不如磁村，产品以白底黑花为多。其特点是将书写引进花色装饰，有的盘碟上写有"香"字，或诗词佳句，也有成篇文章，这在他处较少发现；博山街南头窑，以木柴为燃料，烧造燎绿、燎黄、青釉等瓷色和模印花卉的青釉碗、碟等品物；八陡窑址曾发现黑、白釉色平盘技青釉、燎绿等器物残片，还有一个匣钵中出土7只白釉黑花四耳瓶。据八陡《薛氏世谱》，内有"始祖讳德祥，字云堂……陶于八陡，捐员外郎，病故于宋仁宗六年"，可证八陡古窑为宋代遗址。《薛氏世谱》还说："北宋初薛氏由八陡迁居这里，建窑业陶，取名'窑广'。"又可知广古窑址，晚于八陡，而与八陡一脉相承。

烧成方面的改进，是宋代陶瓷生产技术的一大进步。将先前的支钉、垫饼仝烧法，改为"圈底"仝烧法和陶柱支撑覆烧法，不但省工省料、增加了窑炉容量，而且减少了粘连釉疤等弊端，既降低了成本，又提高了质量。资料表明，宋时已掌握了二次烧成、釉上彩饰的技术，产品更加美观。

许多论者认为淄博地区的陶瓷生产起于宋代。如《中国陶瓷史》在《宋代》章内提到山东博山窑时，以及《中国伟大的发明——瓷器》讲到相关内容时，都认为："山东博山县自宋代制造瓷器"。山东省博物馆写的《山东省的历史和文物报告》也称："自唐宋以来，社会上的生活用具主要是瓷器。一般分作官窑、民窑两种，现仅知道山东自宋朝起只有民窑，博山是一处，德县是一处。"而考古发现和实地考察已然证明，这种说法是不对的。淄博陶瓷生产的起始年代，如前所述，早于宋代。

金元时期，淄川的磁村、坡地、博山的窑广、山头、颜神等瓷窑绍延宋代余绪，继续陶瓷产品的制作。此外，另有淄川、西河、博山李家窑、北岭、万山等处新建窑坊加入其中，生产规模有所扩大。周村大房二号古窑遗址出土的众多白地黑花瓷碗、瓷盘，是这个时期的典型产品。元末，

图28 出土瓷片 金代

博山福山窑采用当地原料烧制黑红釉大碗,闻名遐迩。福山俗称"搁(郭)大碗",与此种生产密切相关。

这一时期,淄博当地的陶瓷生产技艺没有明显的发展和改进,现存实物以日用陶瓷为多。坡地窑产量最大,器物釉色限于黑、白两种,或白地黑花。1959年勘察时,发现一座因山洪冲刷而显露的园窑遗址,窑内垒烧的匣钵原样未动,匣钵内为灰青瓷釉大碗,属于元代产品,据说这就是水淹古坪州时的窑炉遗存。万山窑的产品也是黑白釉器物,以白釉黑花为主,其中的印点梅花形白釉黑花器别具特色,为其他窑址所未见。有的在黑釉之上添加赭石色兰草,也是不可多得的佳品。

元末明初,战乱频仍,百姓流离失所,陶瓷生产遭受了巨大的冲击,已然难以为继。以当时生产陶瓷较盛的博山山头为例,《山东博山陶瓷厂志》记载,明初,"据山头几家族谱考证,宋、周、薛、田、侯等姓氏都是河北冀州枣强等地移民"。其他地方的情形也大体如此。身怀制陶技艺的原住民的流失,使淄博的陶瓷生产陷入了低谷,至明中期以后方才有所恢复和发展。嘉靖年间,冯琦撰《修魏公祠记》提到,颜神一地,"陶者以千数"。可见已经恢复到一定的规模。就在这时候,颜神开始兴建石城。至于为什么要建石城,山东巡抚黄瓒在《集议矿盗疏》中道出了缘由:"益都县去郡二百余里,地名颜神镇,土多煤矿,利有窑冶,四方商贩聚

图29 出土瓷片 元代

集于此。"（转引自王渔洋《香祖笔记》）可见当时煤矿、窑（陶瓷）、冶（琉璃）三大行业已形成规模，营造出当地经济的繁荣景象。此时的陶瓷产品除日用陶瓷外，又增加了琉璃瓦这一新品种。1959年文物普查时，在八陡东庵发现数座琉璃瓦窑遗址，烧造物有板瓦、筒瓦、犀脊、兽吻等，板瓦大者长41厘米，口宽37厘米，先在他窑烧成素胎，再到这里挂釉，单一绿色，低温烧成。据实物标本考察，是明代中后期的遗存。

自明至清，淄博地区陶瓷业不断发展，并逐渐确立了自己作为国内陶瓷重要产地的地位。昆仑白药石的发现，是淄博陶瓷业界的一件大事，为扩大白釉陶瓷的生产提供了便利。清乾隆前后，淄博陶瓷生产进入了又一个兴盛期。当时博山县的西河、福山、八陡、窑广、务店（五宠）、北岭，下河等处窑业兴隆，淄川县的万山（现属博山区）、昆仑、渭头河等窑坊相继兴起。一些陶瓷生产集中的区域还形成了社团组织，不少窑神庙也是在这个时候建立的。

这一时期，生产技术没有明显的改进，作业方式主要是以家庭为单位的手工分散生产。由于资本的积累和市场的竞争，已经出现了有雇佣关系的手工作坊。制作业户也出现了生产门类的分工，如有的业户专司制坯，有的业户专事烧成，有的专制某种产品如匣钵、碗、罐等，有的租窑食利,有的赁窑经营。区内各地也因资源禀赋不同而各自有所侧重,不再相互复制。如福山以生产黑大碗出名,山头生产容器缸、瓮的技术传到渭头河后,"渭头河的大瓮"又成了这里的名产。八陡以生产瓶罐享誉遐迩,博山因此流传着这样一句歇后语:"八陡的瓶子——嘴硬。"乾隆时编修的《博山县志》记载:"博土宜陶,因地而异,务店(五龙)宜瓮及盆,土性坚也,然已不及襄时西河远甚。山头宜碗及杂器,土色亮也。八陡也尝为之,而光不逮。八陡宜罐及瓶,其质实也,以盛水浆,无渗漏焉。"记述虽简略,然深得要领。这种情形一直延续到清末。

2.5 凄风冷雨中的官办尝试

鸦片战争之后,由于外来势力入侵,民族工商业受到巨大的冲击。清末以来,淄博陶瓷业虽然也有现代化技术的融入和改造,但更多地受到战乱和时局的影响,经历着艰难曲折的发展过程。

清光绪三十一年(1905年),在"戊戌变法"和"洋务派"实业救国声势的推动下,山东工艺局局长黄华(曾任淄川县长)在博山主持创办了全省第一个官办窑厂——博山陶瓷工艺传习所,旨在引进先进技术、培养技术骨干,运用最新技术对博山的传统陶瓷产业加以改造,提高当地陶瓷产品的质量和档次。

为了达到预期目的,政府每年拨付3000两白银作为扶持资金,并委任济南古董商人王子久为总办,打理一应事务。因为长期经营古董之故,王子久对陶瓷行业比较熟悉,一主事就大刀阔斧地办了许多实事。首先是招聘能工巧匠。为了引进真正的技术人才,他经常深入市场和业户走访,一旦发现目标,当即接洽聘任。其次是改进制作工艺和技术。为了引进、吸收各地的先进技术,王子久特意从江西景德镇等地邀请了多名制瓷工人来博山传授技艺。随后,王子久着手对传统的陶瓷原料、生产设备、制件工具等加以改进,如将烧窑习用的匣钵改为帽垫式笼盆,为生产满釉的净底产品(无沙圈支痕)创造了条件;产品成型改用手摇转轮,进一步提高了工作效率；陶瓷原料和配方改进以后，传习所生产的圆器、琢器、雕塑三大类产品中，除白瓷以外，增加了蓝、绿、黑、纹片各种釉色。此外，王子久对艺术陶瓷和仿古陶瓷制作很重视，研究恢复了在本地失传多年的宋代名贵釉色茶叶末和雨点瓷。而这两种釉色的恢复，主要得益于王子久对人才的重视。恢复茶叶末的本地土匠陈希龄和恢复雨点瓷的本地工匠侯相会，都是王子久亲自引进的。

工艺传习所建立之初，没有自己固定的窑坊，只是在博山北岭租窑试产。为了改变这一窘境，经王子久等争取，山东巡抚衙门拨库银一万两作开办费，在博山下河建立起窑厂。民国三年（公元1914年），时任博山商会会长的石冠英接替王子久担任总办，将传习所更名为瓷业公司，可是自此经营情况每况愈下。因连年亏累，公司不得不缩小规模、大量裁减人员。面对这一惨淡景况，石冠英萌生了退意，并荐举前淄川知县陈尔廷主持瓷业公司。陈以为这笔生意有利可图，于是出资收购了公司的设备和其他资产，将其由官办公司转为民营。但转制之后，公司效益未见好转，到民国十二年（1923年），终因亏损过多，被迫停办。

这个官办窑厂虽然寿命不长，但在淄博陶瓷发展史上意义重大、影响深远，博山从此掌握了利用当地原料生产日用细瓷的工艺。在这里工作过的工匠分散到各地之后，都成了当地陶瓷界的生产能手和技术骨干。谭景文在所著《博山县乡土教本》中指出："吾博山的瓷业，得到这一番的熏陶濡染，出品的提高，大有一日千里之势，实近来瓷业改良之一新纪元。"可谓言之非虚。

而这又并非官办窑厂的孤例。1931年，山东实业厅派杨法权来博山，于现山东耐火材料厂厂址处创立模范窑业厂，有职工130余人，采用机械设备进行生产，并运用科学方法改进透明瓷器，产品有日用器具、化学用器具、电瓷、卫生瓷等约40余种，月产量6万余件。1934年7月更名为山东窑业试验厂，博山沦陷时被日本人占领。

20世纪初叶，淄博陶瓷的生产除技术改进和细瓷问世引人注目外，还有工业陶瓷的兴起。1918年前后，博山五龙开始生产陶管和钢砖、钢瓦，1930年开始了耐火材料的生产。1944年秋，原在青岛经营大德铁工厂的李荆山在五龙村栗子沟兴建鼎丰窑业厂（现淄博工业陶瓷厂前身），新中国成立后生产耐火材料、耐酸坛、管等。

据调查了解，自20世纪初到1920年代末，推动淄博陶瓷发展的一个重要因素，是胶济铁路及其支线张博线的先后通车所提供的交通便利。1930年淄博拥有窑炉190座，而"九一八"事变后，由于销路不畅，窑业一度萧条，窑炉锐减至不及先前的一半。抗日战争全面爆发前夕，窑业有所恢复，有窑炉189座、业户400余家。

抗日战争时期，日本人对淄博陶瓷生产实行控制和垄断，这也成为他们掠夺的目标之一。早在1914年，日本接管了德国在山东的权利后，日商就在博山开办了日华窑业公司。1937年底，博山沦陷后，日本人即对陶瓷生产的重要原料焦宝石矿严加控制，对耐火材料经营等巧立名目加以控制、实施垄断。在日用陶瓷销售方面，日本则设立官商合资的"组合"企业进行市场操纵。

与此同时，他们还直接插手陶瓷的生产经营，建立日营窑厂，获取非法利益。这些窑厂是：1. 博山窑业公司。它是由日本名古屋碍子株式会社以100万元伪币，将山东省窑业试验厂"收买"后在其原址建立的，总经理为飞鸟并二。后改为博山窑业股份有限公司，经理为大野。以生产耐火材料为主，另外附设一处大野制陶所，生产电瓷和日用陶瓷；2. 六合公司。日商依仗军国主义势力，强行霸占北岭、李家窑等多处民窑成立六合公司，除进行日用陶瓷生产外，还包揽对外订货，独霸销售业务；3. 长谷川窑厂。于1942年建于博山公平庄钱家林南，生产日式瓷器，专供日人使用；4. 厚生窑厂。日伪合资，设于博山大柳杭。

从总体上说，日伪时期淄博陶瓷生产受到严重影响，民族工业遭受严重破坏，陶瓷工人收入低下。与此同时，由于机械的广泛采用（如山头益丰釉厂、华兴长釉厂等均采用机械化生产），技术上也有一定进步；另外，日商对陶瓷业的投资、其他各业的凋蔽，以及南北交通阻塞导致的外地产品的断绝，也给当地陶瓷业的发展创造了一定的机会。据统计，1944年前后，淄博地区有窑炉260余座，业户400多家。

据调查，1948年淄博能维持生产的工厂和作坊只有78家，从业工人只有 1387 人，还不到战前的一半。产品品种也大量减少，主要是缸、盆、碗等。与 1933 的产量相比，大缸下降 77.9%，盆下降 61.5%，黑陶碗下降 96.4%，白陶瓷产品下降 62.7%。工业陶瓷、美术陶瓷的生产更趋衰微。

第三章 淄博民窑的制陶原料及工艺流程解析

3.1 原料资源与分布

淄博地区幅员广阔,岩溶地貌发育,陶瓷原料资源品种齐全,矿点众多,为陶瓷业的发展提供了重要的物质基础。有些资源品类在 6000 年前就已用于陶瓷生产,是我国陶瓷原料开发利用最早的地区之一。

1. 黏土原料

已探明的黏土矿物有焦宝石、铝矾土、瓷石、青土、黄土、红土、耐火黏土等,主要用于生产普通瓷器、炻器、陶器、耐火制品及炻质工业陶瓷。[1]

焦宝石。俗称箭子石,属硬质高岭土,但结晶程度较差,铁、钛杂质较高,细磨后尚有一定塑性。分布在博山、淄川、张店、周村四个区,富集于胶济铁路及张博支线两侧,常与铝土矿伴生,已探明地质储量 120 万吨,其中淄博陶土矿计算储量为 86.2 万吨,品位:$Al_2O_3 7\%—40\%$,$Fe_2O_3 1\%—2.2\%$、$TiO_2 1.5\%$,年开采 3 万吨。主要用于炻器(色瓷)、粗瓷、匣钵及耐火材料生产。

铝矾土。分布地区与焦宝石相同。全市已探明储量 5392.7 万吨。最大为湖田矿区,储量达 1153 万吨。主要用于炼铝和耐火材料。陶瓷生产用于匣钵、窑具制造。

碱石。产于淄博煤层中,是一种质量较好的硬质高岭土。淄博瓷厂70 年代初曾对龙泉煤矿、岭子煤矿中的碱石进行细瓷生产试验,已过检选,

---

[1] 淄博陶瓷志编委会:《淄博陶瓷志》,2003 年版。

图30 块状的青矸

图31 左为黄矸 右为青矸

可用于出口细瓷生产。但因其与煤层及沙页岩呈夹层状存在，不易开采，故目前尚未得到规模化利用。

昆仑瓷石。俗称白渣石，产于中生代石英沙岩中，富集于淄川区昆仑镇宋家坊一带。呈浅灰或灰色，结构较粗糙疏松，系水母胶结的石项沙岩，含石英70%—80%，水母20%—30%，杂质矿物含量约1%—2%，主要为赤铁矿和磁铁矿。在陶瓷配料中主要代替石英。

彭阳瓷石。因产于周村区彭阳乡而得名。80年代后期发现。呈块状灰白色，岩石较致密坚硬。由石英、长石组成斑晶和基质。主要成分：含SiO_2 70%—80%、Na_2O 和 K_2O 7%—8%，其中Na含量高，Al_2O_3 含量10%，铁钛含量低，烧结强度低。可制作细瓷。1991年，省硅酸盐研究院已用其研制成功高级日用细瓷。现已在淄博工业陶瓷厂试产。

青土。为沉积黏土矿床，生于石炭二迭纪煤系中，系煤层上部之泥板岩，板体呈层状。矿物组成为石英、高岭石、白云母。由于矿点不同或同一矿点层次不同，化学、矿物组成波动很大。质优者含 Al_2O_3 26%—34%，Fe_2O_3 0.59%—1.64%，TiO_2 1.1%—1.4%。但铁、钛含量一般都较高（3%），因此不适于制造细瓷，只能作为粗瓷、细陶、炻器及工业陶瓷坯料。全市共有矿点30余处，总储量为50多万吨。博山地区已探明储量23.8万吨，除供省内陶瓷、耐火材料生产外，并远销外省。

黄土。产于青土上层，为可塑性较好的软质黏土，含 Al_2O_3 20%—

27%，Fe_2O_3 8%—9.9%，CaO 0.53%—1.2%。因铁及其他杂质较多，故耐火度比青土低，主要用于陶器、低温炻器及红地砖生产。此种原料分布较广，以博山、淄川地区储量最大，均由村办矿点开采。

釉土。俗称药土、白炭土，因烧后呈黑色，故又叫黑釉土。是一种含铁、钙量较高的易熔黏土。产于石灰岩矿附近，一般多露于地表，开采方便。因含 Fe_2O_3 4%—6%，CaO 6%—7.5%，K_2O+Na_2O 3.6%—4%，故可直接作为大缸、粗陶器釉料和黑釉系列变花釉的底釉。资源丰富，各区皆有，多为小型矿床。

紫沙土。俗名红土、红沙石，为铁质黏土页岩，属沉积矿床。矿物成分主要是黏土矿物，其次为石英、长石、云母、褐铁矿及其他岩石碎屑。遇水成细颗粒，具有良好的可塑性。含 SiO_2 57%—62%，K_2O 1.8%—3.5%。烧结温度低，烧后具有砖红色或紫红色，为制造墙地砖、紫沙陶器原料。市内许多地方都有出产，品位变化很小，矿体出露地表，极易开采，现淄川、博山有民办矿点10余处。

2. 硅质原料

陶瓷工业所用的硅质原料主要是石英，配制釉料、坯料均可使用。它的种类很多，常用的多为脉石英，也有的使用石英沙。淄博的脉石英资源较少，石英沙岩较为丰富。因此，细瓷生产使用的石英，一般由莱芜、泰安、新泰等地供应。[1]

脉石英。主要分布于博山区东南部伟晶岩脉中，呈大块状，常与长石共生，现由李家乡、池上乡、南博山乡村矿开采，储量尚未探明。

石英沙岩。由石英沙粒与黏土、碳酸盐、铁质、硅质胶结物胶结而成。主要分布在博山、淄川、张店区内。已探明大型矿床3处，其中博山区两处，分别在八陡镇和白塔镇。SiO_2 含量均在97%以上。主要用于玻璃、炻器和部分工业陶瓷生产。另一处位于张店区西山（马山），岩性为中粗粒致密石英沙岩，SiO_2 含量87.22%，已探明储量157.7万吨，尚未开采。

---

[1] 淄博陶瓷志编委会：《淄博陶瓷志》，2003年版。

熔剂原料和助熔剂原料：陶瓷坯釉用的熔剂原料主要是长石。助熔剂原料多系石灰石、方解石、钟乳石、萤石、白云石、滑石等。

长石。是一种含碱金属或碱土金属的铝硅酸盐矿物。其主要类型有钾长石、钠长石、钙长石和钡长石等。陶瓷生产常用钾长石，也有的在釉中使用钠长石。本地已探明和开采的为钾长石。主要分布在博山区东南部东家、池上、南博山乡与沂源、莱芜接壤地区。有白石村、上小峰村、尹家峪村3个民办矿点。

白药石。产于淄川大昆仑罗家休一带。呈乳白色，结构致密，硬而脆，系长石英沙岩，含石英约45%—60%，钠长石约32%—43%，水云母5%—15%，并有少量微斜长石。杂质矿物含量1%—3%。明代即已作为制釉原料，分露天开采和井下开采。1932年由山东省实业厅划为矿区，开采面积417亩，储量125万吨。新中国成立后未作重新勘探，现仍属民采。

石灰石。化学成分均为碳酸钙，是日用陶瓷釉料的助熔原料，在坯料中加入得甚少，本地资源丰富，在博山、淄川、张店、周村、临淄都有分布。具有质量好、储量大、矿点多的特点。总储量为73829.7万吨，已探明储量35077万吨，保有储量31787万吨，远景储量6965.7万吨。大部分是民采，其中博山南神头石灰石矿由省陶瓷公司所属淄博陶土矿开采。

钟乳石。属纯碳酸钙，有害杂质较少。淄川、博山都有出产，现有矿点10余处，多属民采小型规模。主要用于釉料及玻璃生产。

方解石。一般与白云石、萤石共生，呈完善的白色晶体产出。此种矿物本地尚不富集，《博山县志》（民国二十六年）记载"方解石凤凰山出"，现开采点不多，仅博山石门乡与淄川区黄家峪乡有小型矿床。

萤石。又称氟石。陶瓷釉料中适量引入时，能降低熔融温度，增加釉的高温流动性。主要分布在博山、淄川两区。博山岳庄，石马多建有萤石矿。用于陶瓷、玻璃、塑料、搪瓷等工业部门。

滑石。在陶瓷工业中使用较广，是制作滑石瓷的主要原料，并可用作细瓷生产中釉料的助熔剂原料。《临淄县志》有"硝石产于城区附近，滑石间亦有之。河崖头庄南沟名滑石沟，间以遇之"的记载，但迄今无矿可采，一直依靠莱州、蓬莱、栖霞等地供应。

白云石。是一种碳酸钙和碳酸镁的复盐矿物，又称镁质石灰石。主要用作釉料的助熔剂原料，借以提高釉面的光泽度和透明度。主要分布于博山区西北部与淄川接壤的地区，储量约80万吨。目前开采的矿点主要在博山区域城镇大峪口村、石门乡石门村。

3.2 资源管理与开发利用

陶瓷原料开采历史上"多系一般农民于耕种之余，自由采掘，转售于窑户"，其采掘方法落后，主要是露天作业。明代以后，随着煤炭资源的开发，"采掘者自己于废之煤井中采取"或凿井而取之。产量以窑场需要而定，规模甚小。

"1906年，日本东华公司在博山开办日华窑业工厂后，随着建筑陶瓷、耐火材料、电瓷产品的投产，原料需求量大增，开采量亦因此有了大幅度增加。1921年地质学者王竹泉在王村冲山发现铝质黏土矿（焦宝石）不久，博山、淄川等地随即出现了一些大的矿点，许多煤炭商人也兼营此业，采掘出的黏土原料除供应当地陶瓷企业外，还大量出口。据1932年统计，当时淄川地区主要有大昆仑、洪山、王村3处焦宝石集中开采矿点，分别由三义、大升、志兴、振记4个公司在鞍子崖、杜坡、荫柳庄、豹山等地从事开采，月采1600余吨，多被日本人收买，从洪山、大昆仑、王村火车站运出。采掘白药石（瓷石）者有大昆仑裕本公司、忠厚堂2家，月开采量200吨，并用20余台石碾就地加工，然后销往博山、青岛等地。博山地区开采焦宝石者多集中在城西西山附近，出口量甚多。煤炭商人兼营此业者，以福源公司、隆华公司产量为大。其他矿种如青土、黄土、药土等，采掘者不下20余家。"为了限制日人勾结国内不良石矿商冒领矿区或将瓷土外运，1932年5月31日，山东省政府通过了《山东省陶瓷原料出境征收窑业附捐暂行简章》，明确规定：瓷土、耐火黏土、釉石等出境每吨征国币1元，重晶石每吨收2元，如有不领出境执照或用旧照以多报少、货票不符者，经查明除如数补捐外，并科以应纳额2倍以上、

图32 牛拉碾 粉碎陶瓷原料，在槽中加水碾成泥浆

5倍以下罚款。此项保护政策实施后，淄博陶瓷原料出口大为减少。但是，对淄博陶瓷原料垂涎已久的日本侵略者并没有死心。1937年，日本人对淄博"A层黏土"（焦宝石）作了详细调查，估算出其远景储量为10亿吨，调查团并在三万分之一的淄博全区地质图上标出了此种原料分布。1939年，日本商人依靠背后的军国主义势力对区内焦宝石进行掠夺性开采，后于1942年冬派勘探队北从张店区的湖田、南至博山、西至王村，进行了大面积探查。翌年，在王村成立了"华北矾土公司张店分公司王村采矿所"，在王村南部（今岭子乡）设矿点10余处，雇佣淄川、莱芜、章丘、邹平等地农民3000余名，进行大规模开采。至日本投降，共采铝矾土、焦宝石50余万吨（其中运出7万吨）。①

3.3 工艺流程

3.3.1 坯、釉料制备

早在大汶口文化时期，先人们已经知道如何选择黏土、如何用淘洗的方法去掉土中的杂质，而后根据黏土的性质、特点，加入不同的配料，制

---

① 山东省地方史编委会编：《山东省志·陶瓷工业志》，山东人民出版社1995年版。

| 图33 挑泥 将沉淀池中的泥送入作坊 | 图34 凉坯或称"晒坯" |

作不同的陶器。如制作炊器（鼎、鬲、釜等）时，他们在泥料中加入一定量的沙粒或蚌壳类物质，以改变烧制对象的耐热急变性能，制作出了泥制陶、细泥陶、夹沙陶等产品。北朝之后，制瓷以青土和少量碱石类原料配制，化妆土用碱石或焦宝石。20世纪30年代生产长石质普瓷，其坯料采用长石、石英、高岭土为主的三组分配料，烧制的产品瓷质坚硬、颜色洁白、半透明度高，已基本达到现代日用陶瓷的理化指标要求。粗陶釉料多用釉土（药土），白陶则用白釉石。为了降低釉的烧成温度，有的添加石灰石（方解石）。制颜色釉另加各种着色原料。瓷器釉料用长石、石英、高岭土，外加不同助熔剂如滑石、石灰石等。

3.3.2 成型工艺

1. 制坯

早期成型方法一般采用泥条盘筑法，或者借助轮盘旋转，用手捏塑制成各种圆形器物。随着工艺的改进，发展为手工拉坯的成型方法，转盘下面中心处镶一特殊形状的瓷碗，与埋在地下的立轴顶端相连。为使转盘转动平稳，立轴上装有两根运转自如的木杆，顶端固定在石盘上。拉坯时，操作者坐于一旁，以木杆拨动石盘，使之达到每分钟六七十转，然后将泥团投至中央，用双手将泥团徐徐拉长，再行压下，反复几次，按器型要求制成所需形状。整个过程除靠双手外，仅用一块刮板。制好的粗坯待至半干，再置于转盘上，使之厚薄适度。经干燥施釉后，挖出凹形底足即成。

图35　鼎丰窑厂硫酸坛子成型车间

瓶、罐器物成型手法与圆形器基本相同，所不同的是泥料含水量少，拉成的坯不易坍塌，也不定型，主要是靠刮刀旋削。"1931年后，博山山头民营窑厂裕业公司将手摇石轮改为以蒸汽机为动力传动机械，用一长轴带动数台石轮，时称'飞轮'"。①坯虽仍系手制，但工人劳动强度大为降低，产量提高一倍。此法一直延续到50年代。

2. 干燥

淄博陶瓷生产长期依靠自然干燥，或阴干于室内，或晾晒于室外，时间约三五日不等。明、清以来，随着煤炭资源的开发利用，部分窑厂开始用地炕烘干，即春、夏、秋三季依赖日光与风，冬季严寒时则用煤烧热地炕加以烘干。此种方法于薄壁产品较为适用，但于胎厚的产品来说，极易因对温度和时间掌握不当造成废品。

3. 施釉

（1）浸釉。又称蘸釉，是将坯件浸入釉浆中，利用坯体的吸水性，使釉料附着在坯体的表面，适用于碗、杯、壶类施外釉和盘、汤匙、扁平制品施内外釉。

（2）浇釉。又称荡釉、淋釉。分手工浇釉和机轮浇釉。清代以前用手

---

① 山东省地方史编委会编：《山东省志·陶瓷工业志》，1995年版。

工浇釉，民国以后用机轮浇釉。手工浇釉多适用于缸、盆、坛、罐大件制品的内外釉。机轮浇釉是将坯件放到旋转的机轮上，将釉倒入坯件的中心，借离心力的作用把釉浆挂到坯上，碗、盘类产品也常用此法。

（3）涂釉。又称刷釉。起源于唐、宋时期，多用于同一器物施几种不同的釉料或厚釉层及补釉，一般是用毛刷或毛笔蘸上釉浆涂刷在坯件上。艺术陶瓷常使用此法。

3.4 烧成工艺

3.4.1 窑炉

1. 直焰窑

出现于后李文化时期，当时系就地挖穴做窑，为竖穴式窑，由窑室和火膛组成，烧成温度约700℃—800℃。龙山文化时期为横穴式窑。1975年在临淄齐故城大城墙夯土层下发现的古陶窑表明，春秋时期烧制陶器仍使用横穴窑。此种窑体积很小，窑室直径约1.3米，就地挖掘而成，由火口、火膛、窑室和窑箅组成，窑箅上面有圆形和马蹄形火眼与膛沟通，火焰经火道、火眼进入窑室，烧成温度约在700℃—1050℃之间。

2. 半倒焰窑

俗称"馒头窑"，也称直径窑。从已发现的古窑址考证，这种窑出现于战国至秦汉。宋、金时期，窑的结构分窑室、窑门、通道、火膛、窑床、烟囱六部分，历经元、明、清无显著改进。至1949年仍广泛应用。窑外形呈馒头状，横切面有圆形、椭圆形两种，形制以博山为代表，窑的大小"有七八尺至二丈之径，高丈余至三丈"不等。一般分大、中、小三种。以装大号匣钵计，大窑可装4000至5000个，中窑装1000至2000个，小窑装500至1000个，有的以窑内匣钵"行柱"数计算（横者为行、竖者为柱），有两行四柱、三行六柱、四行八柱、五行十柱、六行十二柱、七行十四柱等不同容量的窑炉。如按烧制5寸粗瓷碗计算，五行十柱窑可装5万个，七行十四柱可装12万个。窑的结构，内部前为火床，后为窑

图36 馒头窑

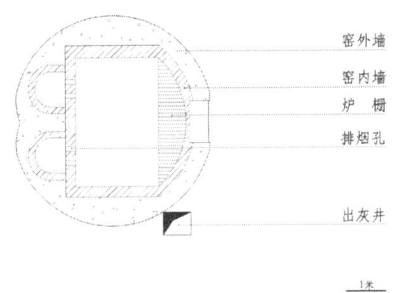

图37 馒头窑结构平面图　　　　　图38 馒头窑结构立面图

台,火床与窑台相连。火床低约1尺,燃烧处立耐火砖做火桥,窑台后面窑墙下部有通烟孔4个,连通窑墙外侧与窑底中心线对称的两个烟囱(俗称烟突)。烟囱较窑顶稍高或相等,与烟囱相对的窑墙中间设一窑门,烧窑时将门封闭,仅在中间留一口,以投放燃料。左侧窑墙与人胸同高处设一孔,以观察火力。窑顶设直径约1尺的孔,供烧成后通风用。窑的内墙用耐火黏土砖砌筑,外墙用毛石围砌,烧成温度在1300℃左右。烧成时间,以烧煤计,平均每窑烧5天,多则7天,少则2天。这种窑由于结构简单、建造容易,所以沿用千年,至新中国成立初期仍为淄博日用陶瓷、工业陶瓷主要烧成设备。据不完全统计,淄博解放前拥有窑炉最多的年份为 1944 年前后，有窑炉 262 座，其中博山山头 130 余座，1947 年因战争破坏减少至 93 座。新中国成立后经过修复，1949 年底达到 200 余座，1953 年全市恢复和新建的半倒焰窑达 300 多座。1954 年后因倒焰窑、隧道窑所替代而逐年减少。

3. 倒焰窑

出现于 20 世纪初，分圆形和矩形两种。1916 年日华窑业工厂最早使用，当时有窑 6 座，由日本烧成工操作。1931 年山东省立模范窑业厂采用山东工业试验所设计的图纸，建造有大、小窑 5 座。窑炉结构分烧成室、火箱、喷火口、挡风墙、烟道、吸火孔、节制板、窑门、天眼、看火孔等，窑外距窑不远处设 20 米高的烟囱。烧成时火焰由火箱出来，经喷火口上行至窑顶，然后转而向下，通过匣钵柱间隙进入窑底吸火孔，经烟道由烟囱排出。较之半倒焰窑，倒焰窑具有温差小、燃料消耗低、出装方便、操作简单等优点。1944 年，博山山头义丰釉厂建 20 立方米、40 立方米倒焰窑各 1 座，这是解放前民窑中唯一使用倒焰窑的厂家。

淄博市古瓷窑现存情况的相关资料如下：

（1）东义窑北大窑。规格：8 行 14 柱；建造时间：清末；建造人：蒋家；地址：山头河北东村；归属：博山制药厂；现用途：闲置。

（2）窑厂东大窑。规格：7 行 14 柱；建造时间：清末；建造人：张家；地址：山头窑广村；归属：窑广村；现用途：盛杂物。

（3）白衣庙前窑。规格：6 行 12 柱；建造时间：清末；建造人：谢光林；地址：山头河南建中村；归属：山头陶瓷厂；现用途：闲置。

（4）尤家窑。规格：6 行 12 柱；建造时间：清末；建造人：宋本全祖父；地址：山头河南建中村；归属：博山陶瓷厂；现用途：住户仓库。

（5）李家厂窑。规格：5 行 10 柱；建造时间：清末；建造人：李巨长祖父；地址：山头河南建中村；归属：山头河南村；现用途：个人用作糕点作坊。

（6）黄崖根窑。规格：7 行 14 柱；建造时间：清末；建造人：宋家；地址：山头河南西村；归属：博山陶瓷厂；现用途：厂劳服公司仓库盛杂物。

（7）周家场里窑。规格：5行10柱；建造时间：清末；建造人：周京树；地址：山头河北南村；归属：王姓居民；现用途：盛杂物。

（8）祥达窑。规格：5行10柱；建造时间：清末；建造人：周家与王来顺祖父等；地址：山头河南建中村；归属：王秋祥；现用途：陶瓷器械仓库。

（9）群利路北西窑。规格：5行10柱；建造时间：民国初年；建造人：石成贵祖父；地址：山东淄博群利陶瓷厂；归属：淄博群利陶瓷厂；现用途：仓库。

（10）群利路北东窑。规格5行10柱；建造时间：民国初年；建造人：宋作滨；地址：山东淄博群利陶瓷厂；归属：淄博群利陶瓷厂；现用途：仓库。

3.4.2 窑具

淄博烧制陶瓷最早使用的窑具是泥条和垫饼，汉代以后种类增加。北朝时期，淄川寨里窑烧制青釉瓷的窑具达10余种，按用途分为垫具和产品间隔具两大类。垫具又称垫柱或窑棒，为空心或实心圆柱体，一端呈喇叭状，由耐火黏土制成，主要用途是安放在窑台上，顶端放置坯件，起支架作用；间隔具主要用于叠烧产品，有单面三足支钉、双面三足支钉、盂形五齿支钉、环形七支钉、圆形垫饼、环状垫等，唐代以后出现泥钉。北宋起用匣钵装烧产品，烧碗类产品用支圈（碗笼）。匣钵系用耐火黏土手工拉坯烧造而成，烧结较好，一般高21厘米、直径30厘米、厚2厘米，底部中心处有一直径9厘米的圆孔。产品多仰烧，或用支圈扣烧、刮釉叠烧。明、清以后，一应窑具在用料方面均有所改进，结构设计及制作亦有所创新。民国时期，淄博地区用的匣钵已基本呈圆筒形，按大小与用途分为"垩子"和"笼盆"两种。《实业部中国窑业调查报告》（1935年）记载："博山陶瓷所用之匣钵，系耐火黄土所制成，间亦有混以少量青土或大土为之者。其成型方法，系用陶车成为圆筒形，上下细而中间大，高约四五寸，径约自五寸以至尺余不等。此等匣钵普通可用二三次，多亦可用四五次者，平均计之，每烧一次窑损坏二十分之一。"其时陶瓷生产集中

图39 废弃的窑具匣钵用于墙面建造

的山头地区，已出现生产窑具的专业作坊，其中胡允成、胡宝昌、胡新昌、胡允明4户匣钵房（时称"笼坊"）规模较大，专制各种匣钵供应当地窑户。

3.4.3 装烧

唐代以前，陶瓷生产均系明焰无匣烧成，坯件直接置于窑中与火焰接触裸烧。装窑方法一般是先内后外，先大后小，次第排列。后来某些产品开始采用套装与叠装。坯与坯之间以陶泥制作的垫饼相隔，上下左右留有一定空隙，以利火焰畅通。南北朝至北宋早期，烧制青釉瓷及施釉产品时，以垫柱纵列放在窑台上，用耐火黏土细料埋其下部使之固定，垫柱顶端放一胎泥，上面放置坯件，坯内再放支具。通常碗类和小型高足盘用三叉形，盆类用齿形，支具上的钉尖或齿朝下，平面朝上，上面加泥条垫稳，再放置同种产品。宋代以后开始用匣钵、碗笼（支圈）装烧产品。装窑时一般是先将坯件装入匣钵，然后再将盛有坯件的匣钵置于窑内码成柱。装钵则按不同器型及其在烧成中的受力情况，选用不同垫饼和支钉将坯件垫平放正。金代，盘、碗采用刮釉叠烧，即在盘碗的中心刮去一圈釉，其大小比底足稍大，装时在上面直接仰放规格相同的坯件，依次重合装至满钵。采用此种方法可增加装窑量，但产品无釉处留下一露胎的环形圈痕，故称之为"沙圈碗"。壶、杯、瓶等则是几件同时装在较大的匣钵中。明、清以后，半倒焰窑容量增大，坯件装窑需先在窑外装匣钵。不少产品采用专门窑具。装碗用垫子（一直筒匣钵）。装时先将碗坯叠码，每15—20个码一摞，然后用提带拢紧碗的盔部，轻轻提起放进垫子内，上面再放叠子得复上装。装至中部，窑工需搭架上梯操作。顶部呈阶梯形，接近窑顶处留一定空隙，上面摆放罐类杂件。钵柱间留有一定间距，靠窑墙处稍稀。缸、盆装窑采用套装，大缸套中缸，中缸套小缸，一仰一覆。缸沿对缸沿，缸底对缸底，依次上装。最顶端装盆，盆上放罐。装至上部架板、登梯，均由人抬肩扛。

倒焰窑由于窑室不高，装窑一般不需搭梯。装匣也逐步改为一匣一器或一匣多器。匣钵入窑，最下面须先安装耐火材料制成的垫座，一般每一钵柱用三个。为防止产品被烟熏火燎，匣钵上下接触处用泥条封口。码叠钵柱多平行排列，排列规律是内密边稀，钵柱间和钵柱与窑墙间均留有一定间隙，以保证火焰畅通。为防止靠近窑墙的一排钵柱向外倾倒，码柱时让其稍向中心倾斜。柱间空隙内每隔一段距离用废匣钵片塞紧，柱顶端距窑顶留15—20厘米的距离。为了保证产品质量，装窑时要根据烧制品的坯釉性能和窑内温度分布情况选择最佳火位、确定匣钵柱的疏密程度和大小件产品位置。

3.4.4 烧成

烧窑是陶瓷生产的关键工序，陶瓷行业中素有"火中求财"之说，具体操作则因窑而异。

直焰窑、半倒焰窑的操作关窍基本一样，均是"看火色、煞花加煤"。每次加煤必须待到窑内钵柱上的煞花清亮和炉膛内的燃料烧透，并须将煤撒开，以使燃烧室内的煤层厚度始终均匀。在燃烧层下、炉条上保持25

图40 装窑

厘米左右的渣层，每8小时落渣（投炉）1次，落渣时亦须四处均匀。一般从点火到熟窑共分五个阶段，即烘窑、小火、中火、大火、冷却。烘窑旨在排除坯中所含人工水，起火要慢，特别是不用匣钵装烧的明烧产品，如大缸、盆、耐酸坛、陶管等，须款烘慢烧，不可起火太急，以防坯体开裂、钵柱倒塌。窑内温度，一般产品控制在350℃左右，然后开始提小火。小火阶段加煤要量少勤添，每8小时投炉一次。中火阶段是整个烧窑过程中的关键，须看准火色加煤，煤中要有适当水分（约10%左右）。当测温锥软化时即进入大火阶段，此即陶瓷制品烧结成瓷阶段。大火初期升温不可过急，煤中含水量须增加到15%—20%，达到烧成温度即转入冷却阶段。冷却过程中须控制好节奏，快慢应根据烧制品的特性而定。一般大件产品不宜太快，冷却时间通常在120小时左右，小件产品冷却72小时左右即可出窑。

倒焰窑烧成比半倒焰窑容易操作，烧窑过程无根本差异。所不同的是，加煤操作按钟点定时进行，窑内火焰大小及通风强弱则靠烟囱的拉力用大匣板控制。小火阶段一般每15分钟加煤一次，每次不宜加得太多，并须适当加大拉力。窑温达到900℃以后，一般20分钟加煤一次。中火阶段加煤量适当增加，每1小时撬一次炉。大火阶段每半小时加煤一次，每加 2—3 次煤撬一次炉。大火阶段每半小时加煤一次，每加 2—3 次煤撬炉一次，每 4 小时落渣一次。高温后期一般都需取样或观察测温锥确定烧结程度，达到烧成温度后转入保温阶段。保温时间因窑的容量不等、窑内温差、坯体厚薄不一以及制品要求达到的烧结程度不同，所以也不固定。一般烧陶器 1000℃—1200℃ 保温 2—3 小时，烧细瓷 1250℃—1300℃ 保温 6 小时。此阶段需要使窑内温度拉平、窑内温差缩小，加煤时间不定。

  淄博窑传统制陶工艺流程，笔者表述起来显得枯燥乏味，远不如清末山头人宋信忠在其所编《山头杂字》中的描述来得通俗流畅、抑扬顿挫。在那里，宋信忠采用民歌体语言，以七言民谣的形式记录下了淄博民窑中忙碌的制陶情景。他所描述的"牛拉碾，驴打场，成型手拉坯，干燥靠太阳，烧成用圆窑，草屋做厂房"的劳作方式，对我们今天认识和研究淄博窑传统制陶工艺流程以及当时的习俗有重要的参考价值，兹收录如下。

《山头杂字》[①] 之窑厂第一

博邑窑场第一行，	三房九匠[②]一齐忙。
匠人攻作大博士，	每人一脚工难旷。
匠人括来博士旋，	刮子约有三寸长。
搊泥揉泥攻作做，	搊泥铁锨两三张。
收晾碗坯撺板条，	看火烧水不离旁。
匠人搅轮旋风转，	改作药坯压坯场。
澄药全凭使心窍，	药水差错货不光。
斗子行碗是两样，	各样颜色分弱强。
上色下脑没灰色，	白黑表里与姜黄。
大号盆子三一套，	小碗论罗笼内藏。
海碗瓯子罨盆子，	蒜白外药里头荒。
各样货物做足数，	装窑另请匠人装。

[①] 《山头杂志》作者为清代宋信中，现留存的资料系山东博山陶瓷厂退休师傅侯本杰的手抄本。

[②] "三房九匠"是指一个窑场一般有三口作坊屋，每一口作坊屋有匠人、攻作、大博士三个人。匠人负责手拉坯（即括碗），攻作负责泥、收晾坯，大博士负责旋、药坯及括线几道工序。

倘若泥水不足用，赶碾碾泥必承当。
担上青土打上水，好牛一觊就套上。
犍子八牯色不等，好牛带犊不敢伤。
湫满走泥泥池聚，积窝造成进作坊。
起窑之日即点火，掌鞭备驴把炭装。
鞍屈綮头嚼环子，垛篓大的盛四筐。
头午过午按遭数，驮足遭数就下晌。
烧班数数多半雇，投哨大撞三尺长。
小窑约烧三昼夜，临熟俱有看窑方。
看锥全凭耍武艺，药鸡化了是几双。
打门三日始冷透，出窑揽头来商量。
说就价钱若干数，窑货贩子雇车装。
车子推倒窑货铺，大集小集卖四方。
黄货窑上做黄货，拔罐鸡嗦共四两。
凉枕扁壶小鱼子，灯台香炉好烧香。
茶盅碟子油罐子，罐口使用灌酒浆。
酒瓶出处在八陡，汲水罐子出窑厂。
李家窑上做大瓮，杌子庄内出瓷缸。
单盆半盆斗盆子，腿子出处不一方。
大瓮酒坛盛酒用，尿壶茶壶卖街厢。
疙瘩湾里大盘好，白釉釉的里外光。
若问套盆出何处，与碗同出山头庄。

第四章　地域文化影响下的造型品类

世上陶瓷产品众多，其造型自然也千差万别。造型并非无源之水、无本之木，而是因器件存在而存在、因器件消亡而消亡。器件因其功能性而存在，造型亦然。从这一意义上说，任何造型类别，无论妍媸，都是由附着于器件之上的实用或观赏功能所决定的。判定陶瓷造型优劣的因素，一是外在形式，二是内在气质，两者缺一不可。但是作为实用器件和审美对象的陶瓷制品，其造型并不仅仅出于制作者的手法和想象，而在很大程度上是由使用者或收藏者的消费偏好所决定的，制作者所能左右的主要是其内在气质而不是外在形式。各地的风俗习惯不一，消费者的喜好各不相同，陶瓷制品的造型也因此存在着这样那样的差异，具有鲜明的区域特色。

淄博民窑陶瓷制品的使用群体主要是平民百姓，与上层社会相比，他们更注重的是相关器件的实用性而不是观赏性，因此对制作工艺的要求不是那么严苛，对器型的要求也主要是阔大适用。满足这一朴素的消费诉求，当是民窑匠师的首要任务。"其实功能形态的陶瓷造型和赏心悦目的纹样装饰，却积淀着更为久远和深刻的文化内涵，凝结着高超技能所赋予它的美感形式。它是艺术，又超越艺术。人类学家和美学家已经指出，抽象简洁的陶瓷造型，包含着各种艺术不可或缺的韵律、节奏、体量、尺度，构筑了视觉艺术必须具备的形式基础……显然，土与火的烧结除了物质上的实用功能外，还是人类精神活动的物质载体。"[①] 从历史上看，民间陶瓷制品多数为农耕文化时期的百姓生活、生产用具，其实用性始终居于

---

① 陈进海：《世界陶瓷》（第一卷），万卷出版公司2006年版，第2页。

第一位。但是这一实用性当中包含着朴素的美学观念，那就是美观、大方、健康、完整。以此而论，民间陶瓷制品实际上又是实用性和观赏性合二为一的产物。

而朴素美学观念的背后，则是历久弥新、灵动鲜活的民俗文化。生活气息越是浓厚，民俗文化的作用越是强烈，日用器物上的文化寓意就越是明显。正因如此，淄博民间陶瓷制品从一开始就承载了当地民间文化所赋予的一些约定俗成的东西，并将其在造型或其他方面反映出来，达到一种和谐状态。此中蕴涵的美学价值，当然比器物本身所释放出来的美学价值更为高远。

4.1 器用之上的造型理念

人类造物活动的根本目的自然是满足生产生活的需要。淄博民窑陶瓷的生产制作是一种具有鲜明地方特色、有着丰富民俗文化内涵的造物活动，民间匠师制陶的过程首先体现着制作者的造型理念。

在我国有一则关于人类起源的神仙传说——女娲抟土造人，故事虽然荒诞不经，但其中包含了一个非常重要的事实：我们的祖先很早就和泥土打交道了。先人们知道，用泥土和适量的水混合，用手就能塑造出各种器用的形态；把这些盆盆罐罐放在太阳下晒干，可以用来盛装干燥之物。如果说先人们当时的观念还有些混沌的话，那么自从陶瓷制品出现以来，人们的观念已经逐渐清晰，以功能为主的造型意识早已确立，并且经过漫长的演进，形成了独立的系统。

器物造型的产生，乃是基于日常活动中的实物需求，而器物造型的发展，也是和物质生活的发展同步的。在完全靠狩猎谋生的原始时期，人们的物质生活水平低下，不但没有能力制造陶器，而且根本谈不上对陶器的需求。进入氏族公社阶段，人类有了定居生活，才有可能发明陶器。而早期的陶器造型之所以大多是敞口的圆底钵，是因为那时人们的物质生活非常简单，饮具、餐具、盛器共体，无须多么复杂。随着人类物质文明的进步，日用物品有了分工，造型各异的器物也就随之出现了。陶瓷造型的演化反映了人们物质生活内容的不断丰富、生活方式的不断改变。如果没有饮酒风气的盛行，不可能出现大量的酒器。同样，没有饮茶风尚的普及，也不会出现名目繁多的茶具。任何新的物质生活方式的出现，都会导致新的器物造型的产生。而任何旧的物质生活方式的改变，也会导致原有器物造型的衰退。例如，鼎曾在我国古代人们的生活中使用了很长的时间，当炉灶之类的炊具普及以后，鼎便退居幕后，只是作为故物被陈设、被欣赏，完全丧失了实用意义。当然，器物造型的发展演变，路径并不完全相同。旧有造型有的被彻底淘汰，有的则经过改进而延续下来，甚至长达数千年，这在民间陶瓷方面尤为明显。

贯穿民间陶器制作始终的"巧法造物"的创作理念，体现了"师法自然"的造物观。作为道家学派创始人的老子，是以"自然无为"作为其哲学内核的。《老子》说："人法地、地法天、天法道、道法自然。"在老子看来，人、地、天、道之间具有递进的师承关系，而归根结底，他们都是自然的学生，都应该向自然学习。庄子继承了老子"自然无为"的哲学思想，提出了"天地与我并生、万物与我为一"的哲学主张。《庄子·大宗师》说："今一天地为大炉，以造化为大冶。"又说："赍万物而不为义，泽及万世而不为仁，长于上有而不为老，覆载天地刻雕众形而不为巧。"庄子认为生出万物的"道"虽然有义、有仁、有寿、有巧，但这一切都是自然而然发生的，丝毫不是有意识的人为的结果。其所以如此，是因为天下有常然。"常然者，曲者不以钩，直者不以绳，圆者不以规，方者不以矩，附离不以胶漆，约束不以纆索。"（《骈拇》）物体的曲、直、圆、方、附离、约束都不是什么外力勉强作成的，而是天然的。"自然无为"的美，才是最淳朴的美，"朴素而天下莫能与之争美"。①

老庄尊重自然规律，主张顺应自然、效法自然的哲学思想，无疑在民间陶瓷器物造型中有所体现。淄博的茶叶末、雨点釉、婆婆、合碗等，都

---

① （庄子·天道），转引自李泽厚、刘钢纪主编：《中国美学史》（第一卷）中国社会科学出版社 1984 年版。

是天工与人工的完美结合。

"先秦工艺设计典籍《考工记》说:'天有时、地有气、材有美、工有巧。合此四者,然后可以为良。'《天工开物》这本书的名称本身就体现了中国传统造物思想的鲜明特征,既尊重自然,顺应自然,合乎自然,遵循自然的规律(天工),又强调人工因素的重要性。尊重天工,巧施人工,就能创造出一切有用之物(开物)"[①] 在尊重自然、顺应自然、合乎自然的基础上,充分利用材质的自然性能和美感,通过民间工匠的灵巧构思,造作出各种奇妙之物,这就是中国传统造物思想的具体体现。

淄博民窑陶瓷艺术所蕴含的造物理念,就是中国传统造物思想与当地民间文化有机结合的产物,这就是哲学意义上的普遍性与特殊性的统一。它就地取材,粗料巧做,既满足人们的实用性诉求,又蕴涵健康的审美品质,不见得美轮美奂,决然是文质彬彬。心灵手巧的淄博民间艺人,用自己的双手和极为简便的工具,制造出了各式各样质朴优美、方便实用的陶瓷造型器物。例如,为了注酒的时候不洒酒,他们特意将酒壶的壶口部位做成喇叭花形,并在壶的肩部做上双耳或四系,以方便抓握、携带。耳、系、口、柄与酒壶的主体部分相互映衬,构成一幅均衡、和谐、多变的视觉样式。泡菜坛子是日用器皿,它的造型虽然简单,却展现了制陶匠人的聪明智慧,前已论之,兹不赘述。

4.2 生活习俗对造型的影响

"工艺文化作为社会的生活文化,它与社会民俗自然是分不开的,工艺的民族文化性质也是与其民族的特性分不开的。民俗文化是民族生活文化,也是民族文化的一部分,因而工艺文化与民俗文化必然有着无尽的内在联系。民俗文化既涉及民间的精神生活,也涉及民间的物质生活。作为民间传承的习惯和风俗,其活动总有一定的物化方式,或借助一定的物态

---

① 杨维增:《天工开物新注研究》,江西科学技术出版社1987年版。

图41 陶罐 近代

化的用具器物。习俗常常汇入详尽入微的工艺内容，而且不少的工艺品类常具备着独特的民族色彩和风格，有的本身就是民俗活动的产物……"①这一论断，同样适用于淄博近代民窑陶瓷艺术。

清中期到民国初年，淄博地区窑业发达，民间圆窑林立。经考证，博山窑厂的东台、南台、山头等地窑业资本雄厚，曾经盛极一时，为长江以北地区一个重要的民间陶瓷生产、销售中心，给广大当地百姓生活带来了无穷便利，《山东通志》称"其利民不下于江右之景德镇矣"。这一时期，孝妇河流域各县、各望族，凭借社会稳定、经济繁荣之利，各施神通，皆有所获，声名愈隆。彼时孝妇河上、中游的望族之中，南鄙有"风高千古""联镳继美"的大庄孙、小庄孙以及有"四世恩纶""三朝荣辱"的西河翟氏；北鄙有"淄川韩氏"，历朝科甲，景世贵盛，号称文物出处两千；孝妇河下游的长山县亦人物迭出，如"金瓶宰相"刘鸿训。史学家因此赋予孝妇河流域"风水宝地"的美称。财富的积累、文化的繁盛，带来的不仅仅是个人命运的变迁，而且是社会的移风易俗，人们的生活习俗由此发生了很大的变化，包括衣食住行诸方面。这都对淄博民窑业的发展走向产生了重要的影响。

饮食习俗与陶瓷的关系最为密切和直接。饮食不仅是满足口腹之需的手段，对一些人来说，它也是一种生活享受。中国饮食历来讲究色、香、

---

① 李砚祖：《工艺美术概论》，吉林美术出版社1991年6月，第320页。

味、形,而饮食器皿作为食物形制的一个重要组成部分,自然为人们所重视。因为这样,淄博民间陶瓷对饮食器具的制作一向用心,门类齐全,品种繁多。

与饮食有关的陶瓷器具究竟有多少、出自哪里,当地流传过这样的顺口溜:

    酒瓶出处在八陡,   汲水罐子出窑厂。
    李家窑上做大瓮,   杌子庄内出瓶缸。
    单盆半盆斗盆子,   腿子出处不一方。
    大瓮酒坛盛酒用,   尿壶茶壶卖街巷。
    疙瘩湾里大盘好,   白釉釉得里外光。
    若问套盆出何处,   与碗同出山头庄。

从这里可以看出,生活习俗是陶瓷器物最为现实的存在基础,陶瓷器物中隐含着民俗文化最为基本的物化形态。

居家过日子,锅碗瓢盆诸般物品必不可少,而淄博地区由于盛产陶瓷,所以家家户户都以陶瓷制品作为日用物件,并将其统称为窑货。大瓮是每个家庭必备的储物工具,用途广泛,可盛粮食、饮用水等。最大的瓮能盛 500 斤麦子,稍小的六篙子瓮能盛三担(六篙)水。再小的称为小瓮,依用途分别称作粮食瓮、米瓮、面瓮、盛菜瓮、泔水缸(瓮)……

合碗又称汤罐,是专为下地忙农活的人送饭所用的一种食器,由罐、盘、盖三部分组成。下部为罐,是其主体部分,用来盛放粥、汤一类事物;罐上置一盘,用来盛放干菜类食品;盘上扣一盖,起卫生和保温作用。合碗两侧共设有四个系,穿绳后既可肩挑又可手提,尺寸大小适中,使用十分方便。据说在某些乡村,合碗还成为邻里乡亲为新婚人家"送饭"的专用器具,因袭成俗。"晚餐时,乡亲们为新人送小饭(水饺),用汤罐提着去,主家留下一部分,回赠烧饼。"[①] 后盘载碗(带汤的菜),有四盘四碗的,有四小盘四中盘四大件的,有六碟六碗两大件或四盘十一

---

① 于中:《淄博乡俗》,华夏文化出版社 2002 年版。

碗两大件的等多种规格。大件指整条鱼和肘子（方形的一整块肥肉）。上整条鱼时，鱼头有的朝东，有的朝着首席。吃鱼前面对鱼头的宾客要喝头酒，有的还要把鱼尾指向的人带上。喝酒讲究头三尾四（鱼头朝向的喝三杯，鱼尾朝向的喝四杯）。酒桌上的讲究，推动了当地陶瓷酒具的制作。

当时的饮品主要是茶和酒，二者分别代表了雅、俗文化的两个极端。但每逢婚丧嫁娶、亲朋往还，酒皆必不可少，因此无论盛酒器还是饮酒器的需求量都很大。陶瓷生产企业为迎合这一需求，开发制作出了多款酒具，如提梁壶、葫芦壶、福字扁酒壶、福寿改黑釉扁形酒壶，以及与之配套的温酒器、饮酒杯等。随着制瓷技术的提高，淄博酒器渐趋情致。其中的青釉龙首葫芦形模印纹扁酒壶，造型虽简朴而品位优雅，颇为人们喜爱。窑工利用大小不一的两件扁壶上下粘结，然后再捏塑出龙首形壶嘴，以龙身做壶柄，一件新颖的饮酒器具就此诞生。这件器物可算淄博窑中较为难得的一件精品。

4.3 造型的主要类型

1. 坛罐缸盆类

缸类。较大储物工具，用途不一。最大的缸是大瓮，能盛 500 斤麦子；稍小的是六筲子瓮，能盛三担（六筲）水；再小的称为小瓮、腿子、水腿子，约能盛一担水。大多为粗瓷烧制，也有用陶土烧成的青色或红色的瓮，又叫瓦缸。生活中常以用途命名它们，如水瓮、粮食瓮、米瓮、面瓮、咸菜瓮、泔水缸（瓮）。

盆类。按大小细分，大如斗的是盆，一种洗衣盆叫半盆，小如大碗的称碗盆。单个的盆叫单盆，大小五个依次套在一起的称为套五花盆。按颜色细分，有白瓷盆、花瓷盆、乌盆。按质地细分，有瓷盆和瓦盆。按用途细分，有面盆（和面用）、齷水盆或齷盆（盛泔水或污水）、齷盆子（便盆，有的与齷盆混称）、脸盆等。脸盆也常用铜盆和生铁盆（叫铁铫子），现用搪瓷（俗称洋瓷）盆和铝盆。

|图42 黑釉印坯大罐 近代|

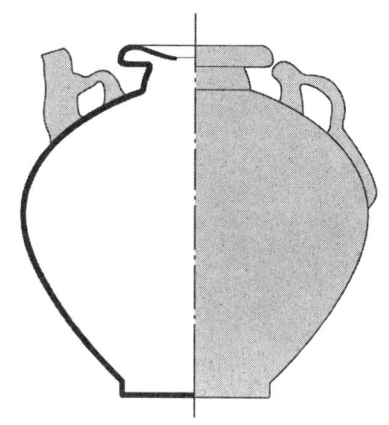

|图43 黑釉印坯大罐立面图|

|图44 黑釉大罐 近代|

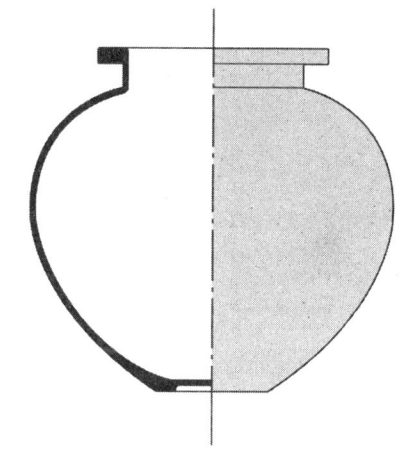

|图45 黑釉大罐立面图|

　　罐坛类。罐子一般口较大，口边有二至四个鼻儿，可以穿绳提起。一种送饭（盛汤用）的罐子，上部为光滑的瓷釉，下部为细小的刺疙瘩。较小的罐多盛食品，如咸菜、酱、蜜食等，最小的是治病用的火罐。有种小口大肚的水嘟噜，四个鼻儿拴上细绳，可挂于车上，相当于现在的水壶。坛子无鼻儿，有广口与小口、直腹与偏圆腹等多种式样。常见的有种鱼鳞

图46 斗笠盏 宋代

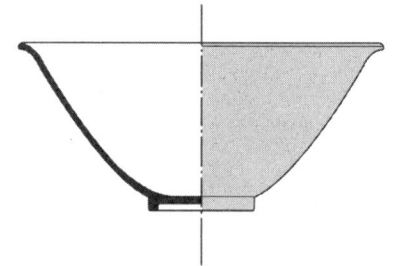

图47 斗笠盏立面图

花纹凸线装饰的小口鱼鳞坛，可腌鸡蛋，盛油、酒等。

2. 盘碟类

碗盘类。就是饭碗，十分粗糙，口大底浅，黑色或棕红色釉，分别被称作黑碗、红碗，为农家所常用。也有较深的细瓷白碗和花碗，很大的碗称为海碗。盘子按直径大小分别叫十寸盘、八寸盘、六寸盘等。较小的称碟子，二三寸的又叫浅子、醋盏子。按深浅不同，又有平盘、汤盘（较深，可盛汤菜）之分。调羹也是瓷的。陶瓷碎片叫瓦碴、瓦古子。

博山还盛产琉璃，俗称琉琉，主要产品有花球（又叫琉琉蛋儿）、烟袋嘴、内画壶、各种珠子等。瓶子之类据说博山八陡的最好，歇后语"八陡瓶子——好嘴连"[①] 可以证明。

3. 枕类

《诗经》云："角枕粲兮，锦衣烂兮。"其他文献也提到过角枕，如《周礼》："王府掌王之金玉玩好，大丧则供角枕。"唐代白居易在《长庆集》中也说："纱巾角枕病眼翁，忙少闲多谁与同。"对于其中提到的"角枕"，历来有两种不同解释。一种解释是：它是用兽角制作的或用兽角装饰的枕具；另一种解释是：角枕就是有角的枕头，"角"是其造型特征。论者争之不已，迄无定见，令人浑如坠入五里雾里，难解其中是非。但无论如何，"角枕粲兮"所描述的无疑是指当时已经存在的一种粲然美观的

---

① 于中：《淄博乡音乡俗》，华夏文化出版社2002年版。

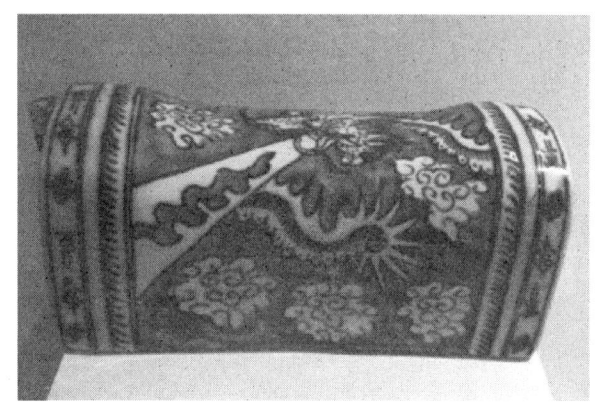

图48　瓷枕　近代

图49　华黄褐彩元宝枕　清

枕具，至于其形状、材质到底如何，大可不必过于执著。

《礼记·内则》："鸡初鸣，咸盥漱，衣服，敛枕簟。"陈浩注曰："古人枕席之具，夜则设之，晓则敛之，不以私亵之用示人也。"也就是说，用枕头的时候拿出来，用毕之后收起来，不能让外人看到这种"私亵之用"。这里体现了一种文明，可谓枕具的文化，至今仍有传承。现在，讲究一点的民间居室内，都对枕具作了掩饰或贮藏。"① 此书还说："父母舅

---

① 王连海：《民间瓷枕》，湖北美术出版社2000年版。

第四章　地域文化影响下的造型品类 | 83

姑之衣衾、簟席、枕几不传。"注曰:"传,移也。谓此数者,每日置之有常处,子妇不得辄移他所也。"也就是说,不能乱动长辈的枕具等日用品。这是尊敬父母公婆的行为规范。

  古人以高枕为乐。高枕的意思可能有两种:一是象征,未必真的把枕头垫得很高,而是以高枕为安乐的代名词;二是真的把枕头垫起来,以枕为靠背,靠着枕头坐在席塌等卧具上,也是安乐享受的意思。《战国策·齐策》中冯谖客孟尝君故事有"今君有一窟,未得高枕而卧也"的话,又说:"三窟已就,君姑高枕为乐矣。"《史记》中也有"陛下安枕而卧矣"的说法。可知"高枕"、"安枕"在当时已属常用词汇,是安心、安逸的代名词。后世的"高枕无忧"即由此生发。淄博地区的枕类造型丰富,其中以猫枕和如意枕最为常见。

  4. 灯类

  远古时期,原始先民茹毛饮血,手持简陋的工具,"日出而作,日入而息",过着原始群聚的生活。那时,自然界中常有火,但那是由于电闪雷击、火山爆发等原因燃烧起来的野火。野火给人类带来了灾难,同时也带来了启迪。火,使人类脑与手的功能逐步进化,开始了向文明的迈进;火,使人类有了战胜严寒的武器;火,使人类具备了制作工具、开垦土地、烧制陶器、冶炼金属的生产能力。每当茫茫黑夜来临,我们的祖先就燃起篝火,在火光的照耀下,或休息、或烤食、或舞蹈、或狩猎……从灯的源流这一角度来说,人类所使用的第一堆篝火,也正是原始先民们发现的第一个照明光源——灯。

  "而古代中国,人们把发明用火的伟绩归功于一位圣人——燧人氏。《韩非子·五蠹》中说:"有圣人作,钻燧取火,以化腥臊,而民说之,使王天下,号之曰燧人氏。"这些神话传说,寄托了人们对火及其初始使用者的崇拜。实际上,火的初始使用者并不是某个神仙圣人,而是广大劳动人民自己。旧石器时代中、晚期,人类在长期保存和传递火种的基础上,逐渐发明了人工取火的方法——摩擦取火。摩擦取火的方法有打击、锯竹、钻木和压击等。火的使用方法被原始人掌握以后,不仅促进了生产力

图50 灯具 近代

图51 灯具 近代

的发展，同时也为灯具的发明创造了条件。"① 灯具发明以后，历经许多世代，种类不知凡几。由陶瓷制作的灯具之中有一种瓷釉灯，由灯盏、灯柱和底座三部分构成。若仔细观察，就会发现其局部构架及装饰的变化是较大的。有的灯盏和底座均为大小近似的碗形，盘中的灯柱为一内空通底、上细下粗的管状物，高为 15—30 厘米。另有一些灯具与此大致相仿，只是承盘里加了三兽蹄足，灯柱的高度也相对缩短了些；有的则加大了承盘，灯柱部分作动物形或覆莲形，上承灯盘。

尚有承托蜡烛的瓷烛台。它们的共同特点是都有一只或几只圆管状烛

---

① 孙建君、高丰：《古代灯具》山东科学技术出版社 1998 年版。

柱，用于插蜡烛。依据烛管的数目，可分为单管烛台和多管烛台。单管烛台有两种：一种烛台有圆唇敞口平底盘，盘中心有一不高的烛管。比如湖南出土的一件单管烛台，造型较为精致，共分上下两层，底层有一莲瓣座，与承盘相连接；上层为一小盘，中心竖一圆管烛台，通高17厘米；另一种以动物形象为造型，如羊形、狮形、熊形等。三国时盛行羊形烛台，西晋则盛行狮形烛台。羊形烛台在羊的额部镂一圆孔，用以插烛。狮形瓷烛台和辟邪烛台在其背部立一管状烛插座。狮形烛台因用模印法成形，器体厚重，内壁凹凸不平，有的狮背上骑坐一人，头戴管状高冠，作为插烛的器座，造型十分巧妙。多管烛台有双管、三管、四管之分，可同时点燃数根蜡烛。

铜灯具也分油灯和烛台两种，油灯造型尚受汉代筒灯的影响，铜烛台造型比较富于新意。

淄博地区的陶瓷灯具，造型款式较为单一，窑工们根据用途的需要制作成高矮大小不同的陶灯，在釉色的处理一般采用黑釉、酱釉、老鸹翎釉、茶叶末釉等比较沉稳厚重的釉色。因此地域特色尤为明显。

5. 壶类

《诗经》上说"清酒百壶"，唐诗人高适诵"床头一壶酒，能更几回眠"，阿庆嫂唱"垒起七星灶，铜壶煮三江"，纵观古今几千年，民间壶具源远流长，其式样之多、工艺之巧、艺术之高，早为世人所称誉。它是中华民族智慧的结晶，是我国优秀传统文化的组成部分。壶具和其他酒器茶具一起，借助典雅的茶文化、浪漫的酒文化，为民间艺术平添了无限的生机和韵味。壶具以人们对高品位生活的不断探索和追求为契机顺势而进，在社会变革的潮流中纵横捭阖，变化可谓日新月异，在壶形、色彩、装饰纹样以及材料和制作工艺等方面不断出新，从另一个侧面反映出不同历史时期华夏文明古国的经济与文化特征。

从大量的出土实物和史料记载看，远在距今六七千年的新时器时代，我国就已烧造出精美的彩陶壶，商周时又烧制了大量的青铜壶。商代壶多圆腹圈足，朴质无华；西周壶则大腹长颈，有盖，且兽身衔环，颇具装饰意味；春秋时期的壶盛行扁圆长颈，肩有伏兽，盖饰莲瓣，中立一鹤；战

图52 壶具

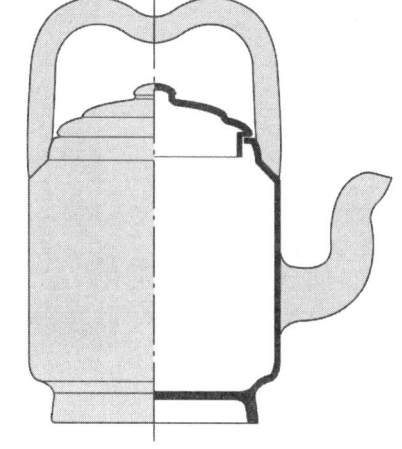

图53 壶具立面

国的壶形益发多了起来，有圆、方、扁和弧形等。汉代称圆形壶为"钟"、方形壶为"钫"。有一种蒜头壶在汉代也较为典型。《淮南子》注："十斛为钟。"《左传》曰："釜十则钟。"《后汉书·郎凯传》说："四釜为钟。"可见在汉代已有将壶作为量具的记载了。壶的大小不一，容量也各异。值得一提的是，使用壶具在古代还曾经有等级之差。据《潜确居类书》载："壶周制也，而方圆有异。凡燕礼，与大夫射，卿大夫则皆用方壶，士皆用圆壶。以其大夫，尊之所有事，示为臣者，有方直之义，故用方。以其士旅食，卑之所有事，示为士者，以顺命为宜，故用圆。"

淄博一代流行用铁壶或锡壶烧开水用，俗称茶壶，而沏茶用的瓷壶，有的叫镂壶子。"据说过去高级的壶是镂花的，故名，另一说作'搂'，古人喝茶不用茶碗，平时搂在怀中保温，以嘴对嘴儿地喝；有的叫卤壶子（或许盛很酽的茶卤而得名）有的叫茶素子。也有红泥做的壶，一般较小，装入热水用来暖被窝的粗瓷容器叫汤颇额、温瓶。"① 陶瓷是陶器和瓷器的通称。凡用陶土和瓷土这两种不同性质的黏土为原料，经过配料、成型、

---

① 于中：《淄博乡音乡俗》，华夏文化出版社2002年版。

|图54 三彩执壶 近代| |图55 酒壶 近代|

干燥、焙烧等工艺流程制成的器物,都可以称作陶瓷。制瓷是制陶的继续,是人类学会用火之后,用廉价的资源为自身生活服务的一项伟大发明。它伴随着人类文明的历史走过了漫长的岁月。陶瓷壶具无论在造型、瓷釉质地还是在装饰色彩和纹样上,都经历了从原始到成熟、由粗糙向精细的过渡和演化。

6. 陶塑类

陶塑是淄博窑的一个重要品种,早在宋代,淄博大街一带的窑场就有意趣十足的陶塑玩具。这些用巧拙相生的捏塑手法制作出来的艺术形象,意象生动,意味淳朴,极富感染力,具有某种超越时代的永恒性,观之令人耳目一新。

淄博窑瓷塑一般高为3—4厘米,品种丰富,题材广泛,形制多变,具有浓郁的乡野气息。这些看似不经意的随手捏制品,出乎于心,超乎象外,以意写神,以神寄情,体现了民间匠师对于相关艺术要素的准确把握。制作者以独特的认知方式、思维方式和表达方式,将浓厚的艺术积淀外化于作品,把淳朴、健康的审美趣味与灵动多变的表达形式相融合,赋予作品以鲜明的个性与地域特色。这些源于生活而又高于生活、妙趣横生的陶塑小品,纯真可爱,意趣十足。常见的形象为人物形象且以儿童居多,动物形象以十二生肖形象如鸡、狗、猪、虎、牛、马、鸟等为主体。

|图56 瓷塑 近代|

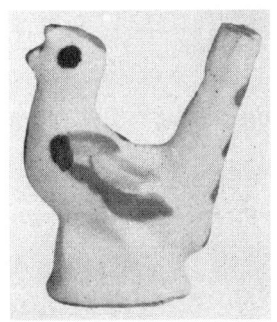

|图57 瓷塑玩具|

|图58 山东高密泥玩具|

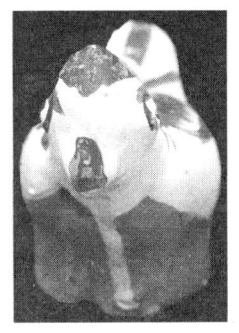

|图59 山东临沂泥玩具|

  淄博窑陶塑的表现手法除捏塑外还有模印、贴塑、彩绘等,在人物、动物的局部运用红绿、褐釉,足见其吸收了民间泥玩具的彩绘方式,更具乡土意蕴。

  拙中见巧是淄博窑陶塑的一个显著特点。它讲求整体效果,务求气韵生动。在面积、空间、外形等比例关系上,不求形似只求达意,不求合理只求达情。造型并非客观写实，而是注重捕捉物象的神态特征，而后大肆运用夸张、缩减等变形手法，将所要表达的形象收缩成一个看似紧凑实则具有无限张力的团块，寓厚重意味于方寸之间，使之呈现出一种极具扩张感和吸引力的朴拙味。同时，淄博民间陶塑与山东彩绘泥玩具有异曲同工之妙。

　　淄博窑的陶塑作品生活气息浓郁，往往可以小中见大，引人遐思。以看似朴拙的艺术形象诠释生活意态，其实是艺术创作的一种较高境界，从中可见当地工匠的勤劳、聪慧和对生活的无限热爱。

第五章 陶瓷器物中的吉祥图案及其寓意

"吉祥"一词,始见于《庄子》之"虚室生白,吉祥止止"。《易经》有"变化云为,吉事有祥"的语句。《说文》:"吉、善也,从士口。""祥,福也,从示羊声,一云善。"唐朝成玄英注云:"吉者福善之事,祥者嘉庆之征。"足见自古以来人们就已洞彻"吉祥"一词福瑞喜庆、诸事顺利之寓意。汉代,人们对吉祥的解读已经不限于文字,并且见诸图画。绘刻于甘肃成县鱼窍峡摩崖上的《五瑞图》,距今已有1800多年,可说是我国最早的一幅"吉祥"图案。此风既开,八方效仿。唐代以降,吉祥题材的图画已很流行,只是由于它们多散布于民间,经过数次社会动乱和朝代嬗变,已然丧失殆尽,今人只能从过往的记载中觅其踪迹。唐张素卿《寿星像》、宋陆探微《萧史图》、宋董羽《玩珠龙图》、黄居寀《牡丹竹鹤》、易元吉《瓶花孔雀图》、《双猿戏蜂图》、元盛之昭《三星拱寿图》等吉祥图画,人们只能从《宣和画谱》《历代名画记》等记述中窥其大略。到了明代,吉祥瑞庆题材的作品不仅大量见于传统绘画形式中,而且开始在木刻版画等新型艺术形式中露出头角,流传于世的有《九九消寒图》(弘治元年)《一团和气图》(嘉庆四十四年)《南极星辉图》(乾庆六年)《八仙庆寿图》(万历二十五年)等。清代距今不远,吉祥图案和图案花样已广泛流传于民间。举凡民居建筑、雕花木器、木版年画、糊墙花纸、剪纸窗花、床单帐帏、服装首饰、绣花织锦、砖雕瓷绘、石刻布玩等,无不包含各式各样、丰富多彩的吉祥图案纹样。时至今日,吉祥图案、图画仍以各种形式出现在人们的生活中。可见"吉祥纹样的吉祥信念，总是有共时性的成分，得以千古流传，既是现代社会中仍具有生命力"。①

5.1 天人合一的吉祥理念

  古人认为，天降祥瑞，瑞生于德。秦汉时盛行瑞应之说，时人以为人间诸事与上天征象相互照应，人间善恶肇造于人，而兆应于天地。班固《白虎通义》："天下太平，符瑞所以来至者，以为王者承天统理，调和阴阳。阴阳和，万物序，体气充塞，故符瑞并臻，皆因德而至。""德至天……日月光，甘露降。德至地，则嘉禾生……德至草木……木连理。德至鸟兽，则凤凰翔，白鹿见。""德至山陵，则景云出……泽出神鼎""德至渊泉，则黄龙见……海出明珠。"其中的"德"，主要是指内生于心而外化于物的四时旺气，是吉祥的征象。释家积德行善、因果报应等诸般学说，即含此意。

  自古及今，人们的吉祥诉求未尝止息，吉祥形象因此层出不穷，艺术表现也多种多样。三国时期的许多宗教故事，塑造出了大量的吉祥形象。至明清，吉祥形象的表现技法益为丰富，图形的寓意也更加广泛，营造出了"图必有意，意必吉祥"的恬然意境。明代《严氏书屋记》辑录的吉祥图形几近三百幅，《履园随话》记载了嘉庆年以紫檀装修圆明园使用的大小三百余幅作品，可见当时图寓吉祥风气之盛。清末任伯年经常以华祝三多、麻姑献寿、八仙、钟馗等作为绘画题材，其中《群仙祝寿图》规模宏大，泥金十二通景屏中描绘了四十六个神仙共赴瑶池为王母娘娘祝寿的场景。

  吉祥概念应用于民众生活，则是福寿安康、家庭和顺。每值新春佳节，人们在粮食瓮和牲口圈门上张贴的"五谷丰登"、"六畜兴旺"等条幅，是这一诉求的直接反映。在这里，"吉祥"一词已为"福"之一字所

---

① 李砚祖：《装饰之道》，中国人民大学出版社1993年版。

取代，一字之中即囊括了平安、富贵、长寿、安乐等吉祥含义，因此《韩非子》说："全寿富贵谓之福"。《千字文》有"福缘善庆"一词，意思是善良、积德可以带来福运。许多时候，人们把吉祥一词解构为福禄寿喜四字，把福的含义进一步具体化于财富、婚姻、功名、添子、增寿等生活内容之中，使之更加富于层次感，更为立体化。

  这种立体化的吉祥表达，在诸多民间艺术作品中都有所体现。荣华富贵、招财进宝、金玉满堂、年年有余等题材的作品，体现的是民众的财富需求；马上平安、平安如意、竹报平安等题材的作品，体现的是安乐康逸；八仙庆寿、白寿图、天地长春等题材的作品，体现的是长寿寓意；和合二仙、夫荣妻贵等题材的作品，体现的是婚姻美满；早生贵子、瓜瓞绵绵、麒麟送子等题材的作品，体现的是天伦之乐；三阳开泰、弯弯顺、安居乐业等题材的作品，体现的是家庭兴旺；封侯挂印、一品当朝、二甲传胪、三元及第等题材的作品，体现的是功名随顺。这些作品从总体上传递了人们祈求安康、和谐、美满的信息，表达了人们追求美好生活的朴素心愿，以婉转的视觉语言传递吉祥寓意，社会功用巨大。

5.2 陶瓷器物上的吉祥图案

  吉祥图案是我国博大、绚烂的图案体系的重要组成部分，早在原始社会已经初现端倪。概而言之，吉祥图案主要指含有吉利和祥瑞寓意的装饰图案或纹样、纹饰，它们都包含着浓烈的人文意蕴和浪漫主义色彩。远古时代，这种图案还仅仅体现在文字层面上，已出土的甲骨文中即有"吉""大吉"等字样，这说明原始的吉祥诉求是跟卜筮等祈福祛祸、趋吉避凶类活动紧密联系着的。后来，人们把吉祥诉求物化在自然界中的一些动植物身上，由此塑造出相应的以动植物为描述对象的吉祥图案。动物图案包括龙、凤、蝙蝠、鹤、鹿、狮、虎、龟、象、鱼类图案，植物图案临沂泥玩具则包括梅、兰、竹、菊、石榴、葫芦、莲花等。这些图案刻画于陶瓷器物上，较之在纸面上更为活泼生动，给人以栩栩如生的感觉。除此之

| 图60 青花黑彩桃文盘 近代 |

外，另有如意、八宝、寿石等吉祥器物，有福、禄、寿、喜、唯吾知足、长乐未央、招财进宝、日进斗金等吉祥文字，还有天王、观音、八仙、天官、刘海、合和二仙、福神、禄神、喜神等吉祥人物。吉祥物数量众多，表现形式也复杂多样，多以图案或纹样的组合形式出现。在图案选取上，常取具体物象，通过象征、谐音、表号等手法，来表示抽象的吉祥概念。

这些吉祥图案很好地诠释了人们的吉祥理念，已经成为广大民众耳熟能详的文化认同符号。它之所以历久弥新、长盛不衰，就是因为背后隐含着这样的潜台词："问渠哪得清如许，为有源头活水来。"贯穿其间的精神诉求和文化源流，作为一股永不枯竭的活水注入其中。"其目的是对社会生活所存在的不稳定因素，给予安全的根本性保障的生存因素。这里包含的内容如生命、财产、婚姻、子孙、仕途、运气、幸福诸种充满变数的现象，需要进行心理安慰性的确定，以获得生理的安全稳定，这是中国农耕文明下的社会生活所产生的最具体的需求，是民生的渴求，因此渐渐演变成社会民俗的信仰。"[①]

[①] 杭间、何洁、靳埭强主编：《中国传统图形与现代视觉设计》，赵农：《鉴古知今——中国传统图形的现代化》，山东画报出版社2005年版。

5.2.1 寓示吉祥的器物图形

从创作手法上看,陶瓷器物上的图形多采用寓意法,即把某种文化寓意以图形这样直观的形式加以展示。在这里,图像是直观的、触手可及的,寓意则是含蓄的、隐于背后的。解读这些图像,需要熟悉孕育这一艺术的社会文化内涵,否则将难以理解其真正意义。在中国传统文化语境中,松、竹、梅为品格高洁的象征,所以人们常用《岁寒三友》这一图形表达这一寓意。这一图形一般用松针、竹叶、梅花来构成,松寓意长青不老,竹寓意挺拔自立,梅寓意冰肌玉骨,各有其意而又具备"出污泥而不染、濯清涟而不妖"的共同特征。陶瓷器物虽简单平实而优雅大方,世间君子收藏者甚多,不少人尤其喜欢以其中的《岁寒三友》图来标榜自己的高尚品德,这是此种器物得以为人青睐的一个重要原因。桂自古被认为是象征富贵的吉祥物,在日常生活中,桂子、桂花常被赋予"贵子"的寓意。与此相应,《连生贵子》《福曾贵子》等以莲花和桂花、蝙蝠和桂花为描述对象的器物图案顺势而生,颇受人们喜爱。

这里借助的是一种巧妙的艺术手法——象征。象征,作为一种艺术手法,是"借助于特定具体的事物,寄寓某种精神品质或抽象事理"。它主要通过联想的作用,把主观意识托付与客观事物,使特定、具体的事物(象征客体)显现出抽象的意蕴。利用象征形象和被象征内容间在特定语境下的内在联系,通过自然物象的具体形象表现,达到诠释抽象概念或思想感情的目的。创作实践中,这种借助自然物象的具体形象表现抽象概念、将物象的自然属性和特征延伸的造型手法,运用得比较广泛。例如自然界中的松、柏、龟、鹤,其自身的生物特性是长寿,人们将这种特征与其实物存在剥离开来,赋予其抽象化寓意,那么这些生物形象就具有了拟人化意义,由其构成的图像就成了人们祈求长生不老、表达健康愿望的象征性物品。此外,石榴多子,用于祈求子孙满堂的象征和祝愿。鸳鸯成双成对,象征夫妻和美、白头到老。兰花象征高洁、牡丹象征富贵,等等,皆属此类。

图61 瓷枕 近代

图62 红绿彩瓷枕 清代

5.2.2 寓示吉祥的文字谐音

这是一种以文字谐音寓意吉祥的造型手法,是传统吉祥造型创作中最常见的一种方式。汉语文字是音、形、义的结合,运用起来十分灵活,字的通假(一个字对另一个字的借用)即其一例。利用字与字之间的谐音,借用其他字的意思,使本来不具有吉祥意义的字词呈现出吉祥意义,不仅是文字运用上的一个创新,而且给艺术创作提供了一个新的用具体的形象诠释抽象的意思的空间。它抓住具象的形与抽象的意之间的关联,通过类

| 图63 红绿彩吉祥文盘 近代 |

比联想而使观赏者对作品含义的理解更形象更快捷，并在这一过程中获得趣味和加深记忆。传统吉祥造型艺术中，有时相同读音的两个字、两种东西在意义上毫无关系，但具体的形象与抽象的含义通过相同读音联系起来，更便于记忆和传播，更具趣味性。如《马上封（蜂）侯（猴）》，绘猴骑马上、手摘蜂巢；《连（莲）年有余（鱼）》，绘莲花和鲤鱼；《喜上眉（梅）梢》，绘喜鹊站在梅枝上；《一本万利（荔）》，绘一棵结满果实的荔枝树；《平升三级（戟）》，绘一只花瓶中插三支画戟，旁边配以笙构成画面等。这些艺术造型的处理方式，均是以一个简单的、易识的的具象组成画面，通过同（谐）音的手段传达多样丰富的吉祥含义。

5.2.3 寓示吉祥的器物文字

世间存在着许多展示吉庆的民俗活动，以"寿"为主题和以"喜"为主题的吉庆活动是其代表。祝寿和婚礼，都是以真实的人为对象，不同于"年"的抽象传说。围绕"寿"和"喜"所开展的活动，是民间风俗活动中具备相对人化主题的活动，祝福对象是生活中受人尊重的长者和互结连理的男女双方。"寿"的庆祝活动乃是对长者的祝福，已经形成了一套完整的礼仪；"喜"则围绕对男女双方婚姻的祝福展开，形式多样，亦

|图64　青花双喜罐　近代|　　|图65　红绿彩人物纹盘　近代|

有诸如拜堂成亲等项礼仪。旧式婚礼中的"撒帐"等婚姻仪式，都有表达祝福的完整的吉祥套话。与"寿"和"喜"有关的祝福活动虽然都以人为主题，但其间仍然包含了对天地的礼拜、对神的敬重，以及对神灵保佑世人幸福平安的期冀。因此，象征长寿的寿星形象和象征和美的龙凤、鸳鸯以及和合二仙形象总会在类似活动中出现。在以"寿"和"喜"为主题的器物形象设计中，围绕"寿"的形象有寿星和其他神仙形象，结合了象征"寿"的寿桃、寿石、水仙以及与"寿"谐音的绶带鸟，还有与猫同音的耄，与耋同音的蝶，其吉祥寓意不言而喻。文字作品中，寿的演绎形式极其丰富，在字形结构上，"寿"字的设计蜿蜒、盘绕，通过蜿蜒不断的结构和形象变化，表达人们祈求长寿的意向。祝福婚姻的喜字造型也十分丰富，最为普遍的是把两个喜字组合起来形成双喜造型，表达"在天愿作比翼鸟、在地愿为连理枝"的良好祝愿。对于"喜"来说，并非只有联姻之喜，它还包含广义的祝福意蕴。即使是围绕婚姻的庆祝，也会映射到生子的主题里，同时还会有早生贵子、连生贵子、多子多福、麒麟送子等代表性的视觉语言。由此民间便有"天上麒麟儿，地上状元郎"① 的

---

① 王文源：《中国吉祥图说》，中国工人出版社2008年版。

传说。

直接以文字寓意吉祥的陶瓷器物，伴随人们的祈福意愿和吉庆活动而生，并成为一种独特的表意形式。它的每一件作品，都留下了民俗民间活动的烙印。民俗活动是群体活动，它不但很好地拓展了陶瓷器物艺术的传播渠道和形式，而且对陶瓷器物艺术的创作产生着重大影响。包含吉祥意蕴的陶瓷器物艺术形象，正是在对民俗文化的吸收、借鉴、继承、创新过程中发展起来的。

5.3 器物图案展示手法的拓展

5.3.1 模印法

淄博窑的模印法是一种独具特色的器物艺术表现手法，宋金时期已然比较盛行，在坛罐、盘碗、盘碟、瓷塑、灯具、壶、枕及其他诸种日用杂器中均有应用。这些器物均系用陶制作的单面模（也称范）或对开模具，经手压、粘接等项工序制作完成。淄博窑的釉色到清中期以后以黑釉、褐釉为主体，民间艺术通过在器物的表层留下模印的痕迹，给人以浑厚、温和的感觉。这些器物虽出自普通匠人之手，却有着极高的实用与审美价值，是民间制陶艺人的又一个创新成果，绝对不可小觑。模印法和其他陶瓷装饰手法一样，看来似乎是很简单的生产程序，确切地说其实是非凡的艺术创造。民间艺人娴熟地驾驭自己的技术，艺术地处理手中的材料，就地取材，粗料巧做，创造出了许多类似的艺术形象。好多作品是拙中见巧，像鱼鳞坛、"福"字扁瓶等器物，既在黑、褐釉表层凸起含蓄、温润的装饰，又保持着手捏成型的弦纹痕迹，实非粗制滥造可就。这些散发着阳光和田野气息的民间陶瓷艺术，常常使人联想到绯红的丘壑和碧绿的潭沼，焕发出一种朴素、清新的美。

5.3.2 土制青花

史上关于青花瓷的记载较多。明王世懋《窥天外乘》载："宋时窑器，

图66 黑釉鱼鳞纹罐 近代　　　　图67 青花鱼纹盘 近代

以汝州为第一,而京师自置官窑次之。我朝则专设于浮梁县之景德镇,永乐、宣德年间内府烧造迄今为贵。其时以鬃眼甜白为常,以苏麻离青为饰,以鲜红为宝。"同时期高濂的《尊生八笺》也载:"宣窑之青,乃苏渤泥青。"以后的许多著作都有类似记载。

"用'苏麻离青'发色的青花,呈色菁蓝苍翠,浑厚艳丽,料色透入釉骨,线条往往有深色晕点,俗称铁锈斑。料在釉中流散很快,笔线自然浑化,蓝色花纹呈现在滋润白净的底面,很像中国画在宣纸上所形成的墨晕及其生发的错落有致的晕点。由此不难看出青花瓷画工的高妙技艺,其笔墨韵味一如中国传统的水墨画,具有独特的艺术魅力。"① 青花装饰作为一种绘画艺术,有别于其他画种。它不但色调明快、青白相映、给人以赏心悦目的艺术效果,而且画面布局疏密相间、错落有致、动静兼备,显示出民间工匠在构思布局上的扎实功力。从内容、题材来看,这些作品也异彩纷呈、风格多样,有的抒情含蓄,有的写实奔放。在运笔上它也十分独到,既有细致的工笔描绘,又有奔放的写意"泼墨",还有抽象的几何图案的任意组合,变化无穷。凡此种种,都使青花装饰艺术具备了很高的审美价值。

---

① 远宏、祥波著:《中国民间陶瓷艺术》,黑龙江美术出版社1996年版。

景德镇长期保持着青花制瓷工艺的优势，其中康熙时期的青花最具特色。此时的青花瓷器运用云南的珠明料绘制，呈色菁蓝青翠、清朗明艳。制瓷匠师们运用蓝色色阶变化，由深渐浅、层次分明，有"一瓶一罐，而今至七色九色之多"的说法，负"青花五彩"之美誉。制品造型笨拙、体胎厚重，绘制手法受当时绘画的影响，写实与大写意并存。用笔简单粗率，在单体平涂的基础上，使用披麻皴法，画法细致，线条细而有力。这一时期，器物上同时出现了"福""寿"字及吉祥图形。

这些在景德镇再普通不过的青花器物，对相对封闭的淄博来说还是空白。应该说，淄博窑在清代以前没有自己的青花器，清代中晚期才开始尝试开发和利用当地含钴矿，自行土法制作略带蓝味的釉下青花，所制青花器大多为陶制，胎体粗厚。淄博窑的青花颜料黏稠、不透明、浓淡变化少、缺层次感、呈色不稳定、烧成后的釉色发蓝黑（是为了降低成本，在钴料中加入氧化铁所致），且土味十足。土制青花的烧制，给淄博陶瓷产业注入了新的活力。

淄博青花的装饰形象不如景德镇青花那般细腻，部分原因是技不如人、难与匹敌，部分原因则是不为。其装饰形象的夸张、写意性，既是淄博窑快捷生产的需要，也是淄博青花装饰艺术的独到之处。景德镇青花绘制精细、纤巧，很有可取的地方。而淄博青花绘制粗犷、豪放，亦不能不说是另一种风格的彰显。"水光潋滟晴方好，山色空蒙雨亦奇"，各有其妙。广受赞誉的青花大鱼盘，乃淄博青花彩绘艺术的代表。

5.3.3 红绿彩

红绿彩多数以红黄绿三色、一般以红绿两色为主色调，因此称红绿彩。红绿彩明艳光亮，它的出现，改变了长期存在的淄博窑品灰暗、无彩的格局。民国时期是淄博窑业的变革时期，博山工艺传习所的设立、制瓷工艺的改进、白釉产品质量的提高以及国外颜料的传入，对改变淄博陶业面貌产生了积极的作用，红绿彩由以产生。

所谓民间红绿彩，并非仅仅指红绿两色，而是以红绿为主调，杂以黑、蓝或紫等色的彩绘产品的统称。从装饰手法上看，淄博红绿彩显然受

图68 青花桃纹盘 近代

图69 红绿彩盘 近代

到景德镇民窑粉彩、五彩的影响，但在烧造工艺上却与之不同，属于一次性烧成的高温釉下彩绘，色彩单纯明快。民国红绿彩所使用的红绿两色既有自产也有进口。自产颜料俗称大火红、大火绿，进口颜料称为磁红，来自德国和日本。从产品性能看，自产与进口的呈色效果大致相近，红色艳而不火，绿色鲜嫩青翠，用它绘成的人物、山水、花鸟等作品，既对比鲜明、喜庆热烈，又自然和谐、一派春色。

"红红绿绿，图个吉利。"① 红绿彩的产生，为近代淄博窑增添了异常浓厚的吉祥色彩。它迎合了广大民众普遍的审美喜好，随之也带来了彩绘艺术风貌的变化。此期最具代表性的产品是山头套五盆、茶盘和花瓶。

套五盆俗称套五花盆，由5个由小到大可套放的日用陶盆组成，系白釉彩陶。它是以当地陶土作原料，盆里加挂一层"化妆土"（碱药），经施釉、彩绘烧制而成的，具有经济、美观、适用的优点。

山头套五盆从1936年开始试制，1938年正式生产推广，至1987年停产，先后经过了半个世纪。过去，淄博生产的各种盆多为黑釉陶器，质地比较粗糙，用作面盆和炊具。"七七事变"前，搪瓷面盆货源奇缺，价格昂贵。1936年，山头"双合窑"的匠工们受当时福山套二兰盆的启发，

---

① 安立华主编：《近代淄博民间陶瓷艺术》，北京工艺美术出版社2004年版。

图70　红绿彩盘　近代

仿搪瓷盆式样，开始试制白釉彩陶套二盆（大号相当于套五盆的2号）。用传统生产工艺，打泥团手轮陶模制坯，当时成型工每人日产10套，从福山请来的匠人日产奇高，每人日产15套。画盆颜料用大火红、绿、蓝三色。最早的画盆工是山头的徐五和博山的张文堂，盆内画工精细复杂，画有边花、腰花、中心花，每套售价2角。后来为了提高窑炉套装容量，由套三、套四改为套五，最后以套五定型，1938年正式生产。

套五盆烧制成功以后，最初在当地试销，继而销售青岛、济南、天津等地。当地套五盆每套4角钱，天津生产的搪瓷面盆每个9角钱，相比之下套五盆物美价廉，很受消费者欢迎，各地客户争相订购，一时之间成了热门货。此后，山头的王忠吉、周惠田等人也开始制作，套五盆生产从此在山头推开，到1948年年产量达3万套。

第六章 淄博民窑陶瓷的敬畏之心与审美之意

6.1 鬼神崇拜的由来与表现

6.1.1 鬼神崇拜的由来

同世界上其他民族一样,中华先民神灵观念的产生,也是出于他们对自然界种种难以解释又无法回避、无法抗拒的自然现象以及人的生、老、病、死等种种苦难所产生的恐惧。这种恐惧不但使人们对自然界产生了敬畏,而且造作出了对自然界和人类进行统治的"看不见的手",神灵由此产生。

从《山海经》等文献材料可以看出,早期中国人对神鬼世界的描述,条理并不是很清晰,可谓鬼神混杂,诸神莫辨。道教产生之后,参照佛教的神灵体系以及人世间的尊卑贵贱,设置了各种职位,各类神祇方才各有所司,中国本土的神灵方才逐渐进入有序状态。传统上,国人将其所信奉的神灵分为天神、地祇、人鬼。用今天的眼光看,我们大致也可将它们分为三类:自然神灵、人文神灵和宗教性神灵。

自然神灵源于人类对自然现象如风、雨、雷、电、大地、山川等自然事物的原始崇拜。它有一个人文变异的过程,即由"物"神逐渐变为"人"神。譬如,雷神本来并不是哪一个具体的人,可是后来却被附会为雷震子,在广州还曾将南朝时据说作过雷州刺史的陈文玉当做雷神崇拜。

"人文神灵的产生是人类对其自身力量的一种认可,许多身前有奇异的本领或为大家谋福利的仁人志士,死后都成为民间信仰的神灵。《淮南子·氾论训》中说:'炎帝为火,死而为灶;禹劳天下,死而为社;弈除天下之害，死而为宗布；此鬼神之所立。'其中的人物都是传说中对中华民族的生存、发展做出贡献的人，因此才被奉为神灵。"① 此外，家族始祖神、行业神也属此类，如姜太公、鲁班等，历史上大都实有其人，他们是人文神灵的典型例子。

宗教性神灵是指经过宗教意识强化过了的神灵，主要是释、道两家的神灵，比如释迦牟尼、南海观音、三清四帝（元始天尊、玉皇大帝）等。他们是在民间信仰的基础上经过统治阶层改造的结果，不是民间原创却被广泛信仰。这类神像的制作一般具有较为严格的程式，特别是在比较重要的寺庙庵观中。

6.1.2 鬼神崇拜的表现

作为崇拜对象的神灵，可以是虚幻的。但是崇拜必有其外化的表现形式，那就是礼拜、祭祀。作为礼拜、祭祀对象的神灵，则决然不能是虚幻的，必须有具象的代表物。而这一代表物，就是散见于各地的神像。

作为虚幻神灵的物化形态的神像，是人们凭借自己的主观臆想捏造出来的东西。而在人们的思维定式中，具有无限能力的神与具有有限能力的人在形象上是迥然不同的，所以他们依据自己的想象所塑造出来的神，其形态是千奇百怪的，或张牙舞爪，或三头六臂，不一而足。至今尚频繁出现在文艺舞台上的千手观音，就是其中的一个代表。

由于认识上的差异，在不同群体的心目中，神的形象是决然不一样的，这就是世间为什么存在着那么多宗教信仰的原因。中国传统的宗教流派，有儒、释、道三家。儒家本来不是一门严格意义上的宗教，可是因为后来的人把孔子捧到了神的高度，所以就带有了宗教的性质。其实，儒家学派的创始人本来不是孔子而是周公，圣人的本来意义只是博学多闻的人而不是神人，但是世俗的需要造就了孔子神的形象，使儒家具备了宗教意义。这在一定意义上自然也是出于一种敬畏。释家、道家各成体系，分别有自己崇拜的至高形象，可谓泾渭分明。释家的寺庙里面绝对容不得道士

---

① 孙建君主编：《中国民间美术》，上海画报出版社2006年版。

驻足，道家的观里面也容不得和尚混迹。不特如此，人们对所信奉的神灵对下界凡人的具体行为的要求的理解也不尽相同，于是在日常举止中呈现出差异。譬如，释家的门徒——和尚是必须完全戒绝色欲的，不能娶妻生子，而道家则有火居道士，与门外人一样有自己的家庭。

  出家人如此，普通人对神灵的崇拜也有其约定俗成的仪式，虽然因地域和生活习惯的不同而千差万别。到了后来，人们对所崇拜的神灵进一步细化，创造出了土地、灶神、财神、门神等诸多神灵，使之分工更为明确，并且按照其上下尊卑设置了详尽的祭拜程序和时序，祭灶神的程序绝对不可应用于门神，而祭门神的程序又绝对不可应用于谷神。这种按照人间的秩序规定神祇分布的倾向愈演愈烈，后来竟然到了按行业分派的地步，于是决定行业兴衰及其从业人员生死的神祇应运而生。

  神祇愈多，相应的祭拜仪式愈为繁杂、严苛，谁人一旦不加遵从，便被斥为亵渎神灵。这种风习，因了祭孔仪式的程式化而益为浓烈。儒家弟子倡行的祭祀仪式——祭天、祭祖、祭孔，都是天下精英们参与的活动，对民风的影响甚大。八月二十七日祭祀孔子诞辰，皇帝和士大夫都会亲自到孔庙或文庙祭奠，一般的读书人也会到文庙烧香磕头、祭拜先师。享有文化话语权的人如此热衷偶像崇拜，普通民众自然也不甘落后，农历正月初一的弥勒佛诞日、正月初九的玉皇大帝诞日、四月初八的如来佛诞日等，都会引来民众的祭拜。此外，诸如正月初五的财神诞日、二月初二的土地诞辰、腊月二十四的灶神上天之类，也都有民众祭拜仪式。另一方面，具有严格立法制度约束的中国古代社会，对祭奠者的等级与其祭奠的对象是有严格规定的。不管什么原因，如果超越了其祭祀范围，"非其所祭而祭之"，称为"淫祀"。"淫祀"意味着僭越礼法社会中的等级规定，这是不被统治秩序所允许的。因此，贫民对土地、灶神、财神、门神以及所在行业神祇等的祭祀更具普遍性。

6.2 民间陶瓷中的窑神崇拜

6.2.1 热血丹心出窑神

关于窑神，淄博当地流传着许多故事。

出于对窑神的敬畏，早年的淄博窑场存在着许多禁忌。譬如，孕妇身带血光，如果进窑场就会亵渎窑神，所以，她们是不准进入窑场的。当年陶镇有位技艺高超的窑工应邀外出烧窑，时值妻子身怀六甲。离家前，窑工千叮咛万嘱咐，告诉妻子如果前去送饭，把饭放在窑场门口即可，千万不要进场。几天过后，妻子见丈夫还不回家，也未取食自己送去的饭，心中十分纳闷，于是忘了禁忌，闯进窑场。此时，窑正烧至大火，正在忙碌不休的丈夫见妻子贸然进场，顿时大吃一惊，断定妻子必受窑神惩罚，于是纵身跳入窑内，打算以一己之命换取妻子平安。众人见此情形，正在惊慌之际，突然听到一声巨响，定神看时，但见窑体炸裂、斯人浴火而升。人们自此纷纷传说，那个蹈火之人不惜牺牲自己以博取窑神宽赦，其情动天，已经幻化为"活窑神"。从此以后，窑工们对窑神的崇敬之心益为虔诚。

有一个关于窑博士的故事。陶镇河南东头有个窑工，因夜间烧窑时无人做伴，寂寞无聊之中躺在地上数星星，不知不觉进入了梦乡。及至醒来，发现已然耽误了正事，窑火不知何时已经熄灭。窑工因为给窑主造成了巨大损失，内心惴惴不安，情急之下编造了一个死鬼缠身的故事，以图推脱责任。他谎称夜里三更时分，有一女鬼来到窑场，那女鬼披头散发、身穿白色寿衣，战栗之中直呼："好冷、好冷！"并将双手伸进窑内烤火，全然不惧窑火烤炙。窑工自己被这一幕吓得晕倒在地，直至鸡鸣方才醒来。窑主听罢窑工讲述，不由信以为真，非但没有责怪窑工，反而立即请来巫师驱妖除魔。窑工编造的故事因此不胫而走，一传十、十传百，其间经过好事者的添枝加叶，当地人都以为真有尸魔作祟，一时之间人心惶惶，谁也不敢夜间独自守窑。窑主无奈之下，只好加派夜间守窑的人手，由此诞生了夜间烧窑陪伴制度。

还有一个故事是关于老窑工的。窑工终年高温作业，非常辛苦，特别是夏季，上百度的高温和暴晒，闷得人喘不过气来。出窑时窑温降得慢，为多出一窑货，窑工们需要在温度仍然很高的窑内忙活，双手都被烫出燎泡。烧窑最怕中间停火，一旦停火损失可就大了。因此，烧窑时最担心遇上大雨。每当大雨倾盆而下、山洪暴发，都会有不少窑场因被大水漫灌而炸窑，不但窑货尽数被毁，而且造成大量的窑工死伤。面对如此恶劣的作业条件，窑工们不得不携起手来，与窑主展开集体谈判，争取自己的劳工权利。其实他们的要求很简单，就是希望窑主每值高温季节让他们停工数日，携酒菜到附近的山野饮酒取乐，歇凉避暑、休闲身心。窑主深知陶瓷是火中求财，烧窑工一旦消极怠工，造成的损失很大，无奈之下只好答应了这一要求。一家行，百家效，久而久之，这种俗称"玩热季"[①]的习俗流传开来，成为淄博民间陶瓷业界的一种习惯做法。

当地人对窑神的崇拜，除了其他方面的原因之外，还有一个原因，就是荷花瓣情结。明崇祯年间，陶镇的窑业就已相当发达，仅窑炉就有一百多座，可谓星罗棋布。据说当时流经陶镇的河水还是清澈的山泉水，窑炉冒出的炉火在空气中飘动着，倒映在水面上，宛如一片盛开的荷花。因此，陶镇又有荷花瓣之称。有个路过的风水先生曾说，陶镇所以能成为福地，正是得益于窑火形成的荷花瓣。因此，当地人对给他们带来福祉——荷花瓣的窑神格外敬重。

就在这块曾经出现过荷花瓣胜景的土地上，发生过一个感人的故事。据传说，当地窑业的兴起，引起了宫廷的重视，皇帝于是颁下一道圣旨，要陶镇的窑匠们烧一张贡品瓷床，并命亲信官员亲临监造。监造官招集了一干能工巧匠，令他们各显神通、轮流烧制，不成功便成仁。陶瓷在高温下有个熔融软化过程，就是现代的陶瓷产品，如果结构不合理或机械强度不高，都会软塌变形，更何况古代呢？因此有很多窑匠被杀。

其中有个窑匠，世代以窑业为生，学得了一套好手艺，自然也在那些

[①] 孙伟庆：《陶镇》，山东友谊出版社 2007 年版，第 25—27 页。

烧制贡品瓷床匠人之列。面对朝廷的苛刻工艺要求,这个匠人并无十足把握。眼看自己就要成为刀下之鬼、与自己相依为命的两个女儿行将成为孤儿,匠人寝食难安,长吁短叹不已。两个孩子看透了父亲的心事,暗自琢磨如何为父亲分忧。这天,轮到匠人烧制贡床。就在瓷床入窑、窑火刚刚点燃的时候,匠人的两个女儿突然来到父亲面前,一起跪在地上,说:"古人造干将、莫邪剑,须用人精血,如今父亲烧制瓷床,亦当用人精血方可成就。我姊妹二人为报答父亲养育之恩,愿意入窑抬着瓷床烧炼,献出精血以助父亲成功。"说罢,毅然纵身跳入窑内。一张光亮平滑的瓷床烧出来了,但是窑匠的一对女儿却离开了人间。当地人说,她们变成了窑神。为了纪念她们的献身精神,人们在窑炉最密集的地方修了座庙,叫窑神庙。

这当然只是一则民间传说,但其中却表达的意思却是再清晰不过的:窑工们所拜祭的行业之神,实际上就是他们自己,自己的心血,自己的汗水,自己的骨肉,自己的亲人。而在这一地区,名义上的窑神依然是舜王。

6.2.2 窑神崇拜的方式

淄博地区窑神崇拜的一个物质体现,就是陶镇的窑神庙。它是清乾隆五十五年(1790年)由各窑场集资兴建的。

窑神庙府落在陶镇的最东头,坐北朝南,占地十余亩,建筑宏伟状观。庙的两侧横摆石鼓,鼓面相对。门外有左右两道石阶。门前的陶制影壁,高约5米,宽约4米半,方钻石底座,琉璃瓦盖顶,影壁前后两面都由浮雕陶砖砌成,黄褐色釉面,雕刻技艺精湛。前面雕有两鹿三鹤,名为鹿鹤同春。左上方雕一松树,松枝上挂一颗方印,并雕一只顽皮的猴子,蹲在树杈上,用手中的杆子捅蜂窝,名为挂印封侯。左右雕八仙图。后面雕有一只麒麟样的怪兽,仰首望月,名曰贪狼望月。传说贪狼脚踏八宝,仍不满足,还妄想得到月亮。时人作此雕刻,蕴涵劝世之意,劝人不要贪得无厌、贪赃枉法。两边雕《博古图》。

窑神庙有东西三套院,建筑二十八间,东头前院有窑神大殿。大殿坐

图71 陶镇祭祀

北朝南，是整个工程的主体建筑。殿顶斗拱飞檐，琉璃瓦覆盖，大脊雕刻精致、图案生动，前雕云龙，后雕凤穿牡丹。前檐下有四条方石柱，中间两柱刻正楷对联，对联书写端正，刚劲有力。上联是：范金合土，陶铸五行补造化；下联是：食德饮和，俎豆千载拜冕旒；两侧是火神，风神，山神，土地；东西各三个站班神像。东壁绘《窑王出巡》，西壁绘《窑王进京》，后壁是四条幅屏式壁画，绘有山水、人物。院内有砖石甬道、东西廊房，东南墙下有一水池。东廊房两套六间，存放石碑数块；西廊房三间，南端多一套间，是庙主憩息之地。两廊房中间有一过道，以此入中院。中院三面屋，一面墙，两大厅之间相通，高扇门窗，宽敞明亮，是接官迎客、窑主议事之地；大厅南端接一套间是厨房，北屋两套五间，为善人住所。院内西北角有一便间，出便门往左拐，进一月亮门，便是后院。后院狭窄，宽不过五米，只有三间大厅房，北接两间配房，与中院大厅平行，后院大厅也叫观厅。观厅后壁上的高扇木窗正对石戏台，是当地绅士名流观戏娱乐之地。

　　从后院出月亮门往左拐，便是石戏台。

　　石戏台是高台尖顶亭式建筑，底座由方石砌成，约有一人高。台顶为木结构，黑瓦盖顶，瓦檐外伸，内有斗形顶棚，中间绘二龙戏珠，四边绘花卉翎毛。台前广场十分宽阔，可容千余人看戏。

　　每年的端午、中秋节，四方百姓皆来赶庙会。石戏台连日唱戏，十分热闹。

　　窑神庙无比宏大的古代建筑，无比丰富的陶瓷文化内涵，凝结着淳朴善良的老窑工的情感。陶镇人信奉菩萨和窑神，现在不少人家里依然供奉着菩萨，逢农历的初一、十五必要供上点心水果，燃上三炷高香，烧上两刀黄表纸，祈求诸神保佑。早年，凡烧窑的人家每年都要祭一次窑神。每当春节开工之后、首炉窑快熟窑时，窑主总要挑上午的一个吉时，给窑内添上最后一锨煤，而后开始祭窑神。祭拜过程大致如下：先在窑前支上桌案，案子上铺以红布，而后摆上三样水果、三样点心、四个大件、四碗陈酿的老白干。四大件指的是家里过年才能吃上的好东西，像鸡、鱼、肘子、豆腐箱子等。陈设完毕，窑主举起三炷高香，默念心中的祈望，率先叩上三个响头，随后窑上所有的人也要跟着磕头叩拜。叩拜毕，再焚上几刀黄表纸，放上一串响炮，拜神仪式方才结束。紧接着，窑主趁着拜神带来的喜气，请窑上的匠人们聚餐。先把方才祭神的供品撤下，随后再添几道小菜，把黑瓷的大海碗内斟满老白干，大伙儿一面吃着神食，说些吉利话，一面开怀畅饮，不醉不休。当地人把供品称为"神食"，意思是神的饭食，供过神之后自家再享用可以免灾。每年的端午、中秋是陶镇上窑神庙的庙会，陶镇的老人都会做些菜放在"食盒"里，挑着去镇上的窑神庙赶庙会，上香祈愿，祭过窑神后还要把供菜挑回来分给孩子们享用，图个无病无灾。

6.3 淄博民间陶瓷的审美特征

　　中国封建社会的基本经济结构，是小农业与家庭手工业相结合的自然经济结构。这一经济结构的一个基本特征，就是自给自足。生产的主要目的不是交换，而是自行消费。这种封闭性的经济结构，是与封闭的社会、文化结构联系在一起的。产品在有限范围的流通、人员在有限范围的流动、社会风习在有限范围的传播，使得地区之间的差异性异常明显，产品的地方特色异常显著。也正因为如此，淄博民间陶瓷体现出与其他地域的陶瓷产品十分不同的审美特征。无论其成熟还是稚拙、雅致还是朴素，在

| 图72　青花黑黄彩花鸟纹合碗分拆图　近代 |

当时其他地域的人或在今天的人看来，都是新鲜的、值得捕捉的审美对象，都具有独特的审美特征。

6.3.1 健康、乐观的审美诉求

从总体上说，淄博近代民间陶瓷艺术是中国陶瓷艺术的重要组成部分，许多年来，它就像一条潺潺流淌的细流，经过遥远的路程，汇入翻卷不已的大海，使之更具活力、构成益为丰富。而这条日夜流淌的河流，又是由淄博当地民俗文化所化生、为当地陶瓷匠人所培育的情感之河、理想之河，是当地民众勤劳智慧的结晶。陶工们把自己的情意、感受、理想和技艺植入那些用泥土捏造成的器物之中，留下自己自强不息、奋发进取的烙印，并使之具有灵性，以承载自己的殷殷期盼和寄托。在表现它们实用功能之余，每一件物品无不寄托着人们对美好生活的期盼和反思。"每一民族的艺术，在历史的发展中，必然有着民族的生产方式、生活方式、地理环境、文化传统、哲学伦理观念，以及长期形成的心理素质、民情民俗，也包括因此而综合形成的审美理想、审美经验、审美形态在内的一整套系统的相互作用、相互影响的民族特征。"[①] 愚以为此语切中肯綮，对淄

---

① 李希凡：《把握传统瞩目未来——关于〈中华艺术通史〉的编撰》，载陈池瑜主编《美术学研究》，长江文艺出版社2002年版。

博民窑艺术尤其适用。

淄博民窑艺术从其产生、发展到成熟，无不受中华民族传统文化特别是当地民俗文化的影响，其发展路径反映着当地民俗文化的发展路径。而它的推动力，就是广大民众对美好生活的追求，以及对伴随文明的进步而萌生的审美诉求的满足。从其出发点看，淄博陶瓷艺术是健康向上的。

淄博民窑艺术的题材，体现的是制作者对自己赖以生长的环境的尊重，它自始至终植根于这一土壤之中，须臾未曾分离。与官窑司职供应官家需求不同，淄博民窑陶瓷的消费对象是普通百姓，所制作的器物，主要是满足当地人的生产生活需要，其间未曾沾染官场污秽，未曾变态扭曲。雕刻、涂绘于这些器物之上的物事，也多是与民众生活息息相关的东西，其中具有吉庆意义的占了很大比例，例如鱼、寿桃等，这充分反映了人们对于美好生活的向往及其在现实生活中的乐观态度。

《周易系辞》云"立象尽意"，即形象要和情意统合，进入明事达理、喻象到情的境界。这一中国传统哲学思想也可运用于对民间艺术的理解。从审美角度看，淄博民窑陶瓷恰恰与之契合。

6.3.2 率真、淳朴的审美情趣

具有浓郁乡土气味的淄博民间陶瓷，由于贴近民众生活、凝结着当地民众的淳厚情感，注重功用，所以在形式上不事奢华，因而往往显得稚拙、质朴，有时或显得粗糙、随意。而这恰好凸显了其独特的审美价值。

淄博近代民窑陶瓷所彰显出的淳朴、率真的审美意向，是民间匠师长期生产实践的结果。他们在制作过程中牢牢把握功能合理、造型实用、物美价廉的原则，就地取材、粗料巧做，制作出了许多既实用又美观的器物。器物造型及其装饰充分展示了制陶匠师们对自然界一切美好形象和事物的极其敏锐的感知力、娴熟的表现技能，以及他们率真乐观的品格和勤勤恳恳、任劳任怨的态度。粗略看来，一些作品中可能不是那么精致、细腻，可是慢慢品味之后，便会发现它们其实是藏巧于拙，就其本质来看是巧拙兼具、互为映衬的。例如，淄博窑的陶塑哨子、动物等小玩意儿，是艺人们闲暇之时徒手捏制的儿童玩具。为适应材料和工艺条件，他们在制

|图73　白底黑花摔跤俑　宋|

作这些玩具时往往用印坯方法成型，造型单纯简练、注重神似，装饰上常在玩具表面罩白色化妆土，施以红绿彩或以黑褐色开脸和勾点标号式花纹。塑成的小动物造型夸张、诙谐可爱。其间包含的精巧构思完全隐逸于朴拙无华的造型中，看似不着痕迹，实则痕迹宛然。

  传统制陶工艺多为手工制作，作品之中直接展示着作者的手工技艺和内心意趣。这些出于本心、毫无伪饰的手工制品，个人风格浓郁、自然、亲切。这些手工制品所以具有怎样的亲和力，一方面是由于这些工匠在进行创作的时候毫无夸饰之心，不是有意无意地给自己或作品添加一些枝枝蔓蔓的东西，另一方面是由于匠人们技艺高超，能够随心所欲地塑造所要塑造的形象。浑然天成而不刻意求工，这是民间陶瓷的艺术魅力。

  实际制作过程中，每个工匠对于尺度、比例、节奏、材料及工具的把握都是不同的，他们对所塑造的艺术形象的不同理解，或者说，对创作客体的不同把握，使得创作过程本身即已千姿百态，这当然也是一种艺术个性，它鲜明地体现在民间陶瓷的创作中。"中国民间艺术善于以己度物，以自身的生命体验去体悟显现实世界，这种重主体、重心情感悟、重自我意识的认知态度，使得创作者毫不犹豫地把外部世界纳入主观意念的秩序，让客观物象按我的意志重新解构，造成中国民间传统艺术不囿于现实物态的表现性格，显示出崇尚主观表现的意趣。"① 淄博民间陶瓷艺术从实用的目的出发，经过这样的升华，终于达到高层次的审美境界，又绝然是一种独有的风格。

---

① 向思楼：《论中国民间美术意象结构的审美特征》，载于《西南民族学院报》2003年第2期。

第七章 结 论

近代淄博民窑陶瓷艺术是中国民间陶瓷中一朵奇葩，其形成和发展既是中国民间陶瓷艺术发展的成果之一，也是独具特色的当地民俗文化孕育的结果。淄博民窑陶瓷艺术魅力的形成，得益于当地色彩斑斓的社会生活和淳朴民风。

从器物形态上看，淄博民窑陶瓷最大量出产的是瓶、壶、碗、盘、坛坛罐罐等家用器件，凸显出平实、朴素的特征。但是这些寻常器皿与当地民众生活紧密相连，其背后隐含着浓郁的民间民俗文化成分，而这正是淄博民窑陶瓷的一个主要特色。

淄博民窑陶瓷的手工艺制作，使其一枝一叶都凝结着匠人们的心血，体现着匠人们的技艺。浸润于淄博民俗文化中的匠人们的辛勤劳作，赋予作品以极强的地域质感，使之到处渗透着民俗文化信息。历代陶瓷匠人的艺术传承，是这些独特的艺术元素不但未见消弭而且历久弥新的重要原因。从淄博近代民窑业的发展过程和运动轨迹，可以窥见其有别于官窑或其他地方民窑陶瓷的器物特征、生产技术水平、工艺流程，以及由造型、装饰、釉色所展示的朴素的审美趣味及民俗文化特征。

这一具有独特意蕴的艺术品类，理当得到研究者应有的重视，然而实际情形却非如此，以至于著名古陶瓷、博物馆学家宋伯胤先生发出了"在中国陶瓷史上，至今仍有两个空白，其中之一就是淄博窑"的感叹。本论文的宗旨，是透过淄博民俗文化这一线索，探究淄博近代民窑独特的地域特色及其成因，在这一研究领域起些拾遗补缺的作用。从那些已然陈旧不堪的古窑址、曾经发挥过应有作用的器物残片到林林总总而又支离破碎的文献记载中，笔者探赜索隐，梳理出了一条淄博民窑陶瓷发展的粗浅脉

图74 黑釉线条罐 金代

络,感受到了其未能广为人识的社会和文化价值。通过这一研究,笔者形成了如下认识。

7.1 淄博民窑及其烧制的粗瓷杂器是一种不可忽视的物质文化产品

  淄博民窑陶瓷历史久远,众多的古窑址、大量的历史记载、一定数量的实物遗存,是今天的人们了解、认识淄博民窑之粗瓷杂器的主要门径。但是,这并不足以让人窥视其全貌。在民间广为流传的歌谣,如宋信忠的《山头杂字》,以及大量的故事、传说等,是淄博民窑文化的重要组成部分,它们对当地民窑习俗、器物组成及用途等都进行了很好的诠释。如果说以实物形式存在的粗瓷杂器是当地民俗文化的一个具体体现的话,那么以非实物形式存在的歌谣、故事,则使这一文化体现得以进一步升华,使得它更具韵味、更有价值。

  仅从物质方面看,什么样的资源禀赋,决定什么样的终端产品,这在商品流通体系极不完善的自然经济阶段尤其如此。淄博的资源禀赋,使得它在很长一段时间内以烧制合用的粗瓷杂器为主，这是合乎逻辑的。但是其间的决定因素并不止是物质方面的。民间艺人在烧制粗瓷杂器过程中的不断创新、为推动窑业发展而作的官办尝试，以及茶叶末釉的恢复、红绿彩的产生等，都是人文因素作用的结果。

淄博民窑的发展壮大，还离不开外来移民的作用。他们给当地原本封闭、保守的社会文化注入一股新的血液，使之更为鲜活、更具创造力，淄博粗瓷杂器的制作由此迈入一个全新的水平。这当然更增添了粗瓷杂器的历史、文化价值。此外，对景德镇等地陶瓷烧制技术的借鉴、吸收，反映出淄博民窑开放、进取的态度，是淄博粗瓷杂器烧制史上的一个亮点。两地的产品虽然不同，但是追求却是一样的，都是想通过自己的努力，在经营上取得更大的突破。

当然，粗瓷杂器价值的具体体现，还是在器物及其烧造技艺本身。从当下所能看到的实物遗存看，淄博粗瓷杂器确实有其特色，例如青花大鱼盘。从烧造技艺上说，红绿彩等也都具备很高的价值。但是这些还难以与作为整体存在的淄博民窑的历史价值相提并论。

7.2 淄博民窑陶瓷是当地民俗文化的承载物

以齐文化为主要代表的淄博当地文化，是一个独具特色的文化系统，它既有保守的一面，又有开放的一面；既传统又旷达、豪放；既有世俗社会的一切特征，又有超越世俗社会的特定精神理念。这使得淄博民俗民间文化的内涵十分丰满。

王士禛、蒲松龄、赵执信等人无疑是淄博文人的代表性人物，他们是淄博这一具有浓厚文化底蕴的肥沃土地上所孕育出来的文化精英，因此或多或少地带有当地文化的烙印。如果说王士禛的文章除了受当地文化氛围的熏陶之外，更多地偏重于儒家学说的风范和封建士大夫气的话，那么以《聊斋志异》知名的蒲松龄，则可以说是淄博民俗文化的典型产物。他的作品所反映的，也是自己由以成功的文化要素。

但蒲松龄作为个人，只是反映当地民俗文化的一个点。任何一个地方的精神文化，都不可能由独立的个人加以全面的诠释，必须通过物质文化产品来加以反映。民窑陶瓷作为一个行业，是旧年淄博三大产业之一，凝民智、聚民力，贴近生活，贴近民众，民众的喜怒哀乐、悲欢离合都与此有关，因此可以说是反映当地民俗文化的一个立体化的层面。首先，它的形成和发展得益于当地民俗文化，同时也拓展了当地文化的内涵。如果没有民俗文化哺育，它不可能有如此鲜明的地域特征；同样，如果没有陶瓷业的发展，当地的商业文化等民俗文化也会残缺不全。其次，它几乎涵盖了当地社会风俗的各个层面，并与各个社会阶层的生产生活发生着联系。歌谣《山头杂字》罗列了当地兴盛的十六个行业，陶瓷业居于首位，由此足见其之于民众生活的重要性。士农工商、五行八作，无不与这一行业发生这样那样的关系。

一应民间习俗，在淄博陶瓷行业表现得也很充分。比如，孕妇禁忌习俗在许多行业、许多场合都存在，不独陶瓷行业。民间传说让这一禁忌生出一个惊世骇俗的故事，幻化出一个活窑神来，其实也是世人心态的反映。陶瓷匠人整日辛苦劳作，已然不易，他们当然不希望自己无谓地献出生命，而一旦不可避免，他们就会神话这一事迹，以表达自己的某种心结。情感与愿望、现实与理想，通过这样的故事联系起来，传播开去，愈加彰显出此一行业的社会价值。陶镇的窑神庙，是以陶瓷行业的名义兴建的祭拜场所，在这里，民俗文化意义表现得更为直接。如果没有窑神庙，人们可能会在其他地方，以其他方式举办类似活动。可见，文化是其本源，而庙宇不过是一种承载物。而换一个角度说，如果真的没有窑神庙，窑工们可能就不会知道向哪里去寻求稳定的精神寄托，心理上就会产生落差。

淄博民窑陶瓷器物中的吉祥图案，是当地民众心理诉求的一个典型反映，具有强烈的文化特征。由于当时文化不甚发达，陶瓷器物便成为民众心理诉求表达的重要艺术媒介之一，其文化承载作用因此更加重要。在民窑发展的特定时期，这一作用一度为其他媒介所不及。

7.3 淄博民窑陶瓷于现代陶瓷艺术具有借鉴意义

淄博民窑陶瓷是一门古老的艺术，但其魅力至今犹在。它所以延续多年、历久不衰，首要的原因就是它深深地植根于当地民俗文化的沃土，不断地吸收其中的营养，为自己注入新的养分。因消费诉求自然形成，以满足民间消费需求为目的，而不是好高骛远、贪大求洋，做那些华而不实、没有持续生命力的东西。大概可以算作民窑陶瓷艺术品格的真是写照。

淄博民窑陶瓷生于民间、长于民间，深受世俗世界的影响，可是它在艺术视野上却并不因循守旧、故步自封，而是根据时代发展的需要，不断地调整自己的经营策略，不断地吸收、借鉴其他艺术门类的成果，因地制宜、粗料巧做，创作出了具有鲜明时代特点和地方特色的作品。淄博民窑陶瓷不同时期的器物，造型、装饰、制作方法都有所变化，每个时期都有其代表性作品，这实在是难能可贵的。历史上淄博民窑有两个较为繁盛的时期，分别为宋金时期与近代时期。前者代表了淄博窑在制瓷工艺技术方面所达到的高度与成就，而后者则是陶瓷完全走向平民化、世俗化和生活化的标志。这两个时期民窑陶瓷所具有的不同特点，是其创新精神的集中体现。

淄博民窑陶瓷在制作过程中不拘成法、随意而为，作品不落窠臼，具有很大的随意性。那些沾满泥垢、看似普通的陶瓷器件，带有浓浓的淳朴、自然、随意、无拘无束的品质，凸显出鲜明的乡村文化气质，看似粗俗，其实雅致。

概而言之，淄博近代民间陶瓷艺术，是陶工们在长期的制作过程中，自觉或不自觉地将陶瓷文化产品与当地民俗文化融合起来，并把它发扬光大，最终形成的既蕴涵传统文化内容又对传统陶瓷文化有所反思的物质文化产品，其存在形态既是具象的，又是抽象的。作为中国陶瓷文化的有机组成部分，它以独特的地域特色与民间民俗文化特征，展示着中国传统陶瓷艺术丰富多彩的面貌与深厚的文化底蕴。我们应该本着古为今用的态度去认识它、研究它，庶可有益于我们今后的陶瓷艺术创作。

淄博陶瓷志 大事记

约公元前6000年—公元1948年淄博陶瓷大事记		
约公元前6000—前5600年	后李文化时期，今临淄境内的先民已开始制作陶器。其陶质粗糙，系夹沙红陶、经褐陶。器类单一，厚拙古朴。	
约公元前5400—前4300年	北辛文化时期，今临淄地区出现泥质红陶和少量的灰陶、灰黑色陶器，首次出现彩陶。	
约公元前4300—前2400年	大汶口文化时期，今临淄境内制陶业出现陶车，开始采用慢轮成型，用高岭土烧制白陶。晚期出现薄壁黑陶。	
约公元前2400—前1900年	山东龙山文化时期，淄博制陶业已独立于农业生产而具有商品生产的性质和规模。普遍采用快轮成型，以制作造型优美、薄如蛋壳、漆黑光亮的薄壁黑陶闻名于世。	
约公元前1900—前1600年	岳石文化时期，淄博制陶业开始出现印纹硬陶。	
约公元前1700年—前1100年	商	淄博寨里一带出现原始青瓷。
约公元前1100—前771年	西周	淄博地区出现建筑陶生产，陶器制作以轮制为主。
公元前770—前476年	春秋	淄博地区以生产日用灰陶器和瓦、陶管等建筑陶为主，制陶业开始出现产品分工。
公元前475—前221年	战国	淄博境内出现了作坊集中的制陶手工业。临淄一带生产的陶器多标有作坊主人的姓名和地址。
公元前221—前206年	秦	今临淄一带大量烧制日用陶及建筑用砖瓦。

续表

汉（公元前206—公元220年）	西汉	淄博陶塑艺术发达，品种有各种文官俑、武士俑、骑士俑、宴饮俑及动物陶塑等。
	东汉	今淄博一带出现低温绿色釉陶器。
220—265年	魏	淄博制陶工艺衰退，主要生产日用生活器皿。
南北朝（534—577年）	东魏	淄川寨里窑烧制青釉瓷，淄博陶瓷烧造技术完成由陶到瓷的过渡。
	北齐	淄川寨里窑青釉瓷质佳量大，以烧制莲花尊独树一帜。
581—618年	隋	淄川境内窑场均烧造青釉瓷。
天宝年间（742—756年）	唐	淄川磁村窑盛产黑釉瓷器，开茶叶末釉生产之先河。
907—960年	五代	淄川一带窑场出现白釉瓷器，并采用高温绿斑彩装饰。
宋（963—1108年）	乾德年间	淄川窑场兴起，出现白釉黑花装饰。
	熙宁年间	淄川颜神店（今博山）窑业日盛，众窑户集资于北岭村建窑神庙。磁村窑以生产白釉瓷为主，烧窑燃料由柴改煤。雨点釉面世。
	大观二年	川一带有窑场数十处，已发展成为山东主要陶瓷产地。
金	泰和五年（1205年）	淄川磁村窑工艺技术进入鼎盛时期，创二次烧成釉上彩、粉杠等多种装饰技法。颜神店窑业盛况空前，所产青瓷印花和低温三彩釉独树一帜。
	正大三年（1226年）	蒙古军队进入山东，淄博窑场大都停产。
蒙古	中统三年（1262年）	世祖忽必烈改变"悉空其人"的政策，各地窑场逐渐恢复。
	至元二年（1265年）	颜神店改称颜神镇，由淄川划归青州府益都县。

续表

元	元末		因战乱、天灾,淄博地区雨点釉、茶叶末釉及前代优秀技艺失传。著名的磁村窑一蹶不振。
明	嘉靖三十六年(1557年)		颜神镇窑业空前繁荣,"陶者以千数",四方商贩辐至。八陡窑以生产琉璃瓦著称。
	崇祯十五年(1642年)		淄川大昆仑西山一带发现白釉石(白药石),颜神镇附近窑场用以制作白釉产品。
清	顺治五年(1648年)六月		颜神镇大水成灾。战祸天灾致使此地窑业萧条不振。
	康熙元年(1662年)		颜神镇及周围数十里乡村窑场四起,镇内窑货设市,产品销周围数县。
	康熙四年(1665年)		颜神镇人孙廷铨著成《颜山杂记》一书,对当地陶瓷、琉璃、煤炭生产作了较详细的记载。
	雍正十二年(1734年)		建博山县,县治颜神镇。设县后,大街南首窑、李家窑继废。
	乾隆初期		博山陶瓷业空前兴盛,北岭、务店、山头、窑广、大街南、八陡、福山为当时七大窑场,产品各具特色。城内商旅辐至,成为山东陶瓷生产中心和销售中心。
	乾隆五十九年(1794年)		博山山头镇窑场集巨资建窑神庙。其建筑甚为壮观,影壁以陶瓷壁画装饰,窑业盛况可见一斑。
	同治三年(1869年)		欧洲人阿·威廉逊到博山考察陶瓷业,后在《北中国旅行记》中对博山陶瓷业作了评介。
	光绪三十年(1904年)		胶济铁路、张博支线全线通车。下半年,铁路沿线部分外销陶瓷产品始用铁路运输。
	光绪三十一年(1905年)		山东官府拨库银2万两于博山下河街建博山工艺传习所,研究改良瓷器。1914年改称瓷业公司。

续表

清	光绪三十二年（1906年）	博山县成立商会，下设窑行分会。
	宣统元年（1909年）	博山山头窑匠侯兆良试制成功茶色、燎绿、燎蓝颜色釉。
	宣统二年（1910年）	陶瓷艺人陈希龄在博山工艺传习所试制成功茶叶末釉。
	宣统三年（1911年）	博山工艺传习所研制白瓷、烤花，出品尚佳，后因颜料所限未能推广。
中华民国	1912年	博山山头窑匠薛希正试制成功元代失传的燎红釉。津浦铁路全线通车。至年末，博山、淄川以火车运出碗、盘、杂件及缸、盆等逾百吨。
	1915年	日商在博山白虎山开办三益公司，生产陶管、缸瓦、耐火材料等。
	1916年	日商渡部逸次郎在博山开办日华窑业公司，生产建筑陶瓷、耐火材料、化工陶瓷、电瓷。
	1917年	博山瓷业公司总办石冠英派遣戴德禄、石竹轩赴江西景德镇、江苏宜兴考察陶瓷业。此举在山东尚属首次。
	1918年	12月10日，日商大隈信常、中村康之功、林十次郎等与中国林长民、王克敏在博山白虎山合资成立日华窑业株式会社。
	1920年	博山黑陶艺人侯相会在古董商梅容轩的参与下开始雨点瓷的恢复研究，至1936年研制成功。
	1922年	山东工业试验所技正孔令炬一行三人考察博山、淄川陶瓷业及原料资源。

续表

中华民国	1923 年	博山大雨成灾，山头数十家窑厂被淹停产。
	1924 年	山东省工业试验所写出报告，建议实业厅呈请省署在博山成立窑业试验厂以改良山东陶瓷。
	1925 年	博山陶瓷厂家逾200户，年输出值10万元以上。
	1927 年	茶叶末釉产品畅销北京，许多古玩铺以此充古瓷，获利甚厚。日本人将其大批购回国内。
	1928 年	4月，博山窑工百余人参加工商各界群众组织的欢迎队伍，冒雨欢迎北伐革命军进城。是年，北平地质调查所王竹泉、刘季辰调查淄川、博山煤田、铝土矿，在淄川王村、冲山发现铝质黏土矿（焦宝石）。
	1930 年	博山陶瓷业兴盛，有窑190座，窑工6000余人，产品总值近百万元，远销东北三省。
	1931 年	1月27日，山东省农矿厅为筹建模范窑业厂案发布训令，委派技正孔令垣、技士杨法权，会同工业试验所技士马清源，前往博山调查陶瓷业。3月，山头陶瓷工厂聚众千余人游行示威，抗议资本家迟本秀垄断昆仑白药石矿。4月，山东省立模范窑业厂在博山柳杭成立，同年开始生产细瓷。1932年10月正式营业。1934年7月改称山东省立窑业试验厂。
	1932 年	5月31日，山东省政府147次政务会议通过《山东省陶瓷原料出境征收窑业附捐暂行简章》，限制陶瓷原料出境。
	1933 年	8月2日，博山县山头镇大雨成灾，房屋大量倒塌，十余人丧生，部分窑场停工。

续表

中华民国	1934 年	7月，在国民党博山县党部监视下成立博山窑业同业公会。
	1935 年	4月，博山山头镇陶瓷工人为增加工资，"齐行"斗争3个月，迫使窑业主接受了增资条件。
	1937 年	7月7日，日本侵华战争全面爆发。不久，淄博陶瓷陷入滞销状态，部分窑厂与手工业户停产。12月30日，日本侵略军攻入博山，陶瓷生产全部停业。
	1938 年	夏，博山日用陶瓷生产开始局部复工，日本侵略者成立所谓"六合公司"，并在博山李家窑、北岭等地强占民窑，直接经营陶瓷生产。下半年，日本侵略军以伪币100万元（联银券）强行收买山东省立窑业试验厂，成立名古屋硵子株式会社。后改名博山窑业股份有限公司，附设"大野制陶所"。
	1941 年	博山新开工窑厂20家，产量较上年增加20%。
	1942 年	日商长古川在博山公平庄钱家林南强占民地建长古川窑厂。产品为日式瓷器，专供日本"侨民"购用。
	1943 年	春，因淄川、博山等地旱灾严重，加之日军实行"三光"政策，博山一带窑场多有歇业。部分窑工背井离乡去唐山、枣庄一带谋生。
	1944 年	秋，青岛大德铁工厂李荆山来博山五龙村购地7亩余，投资建鼎丰窑厂。
	1945 年	7月25日，博山地区暴雨成灾，八陡、山头两地百余家窑厂房屋冲毁，被迫停产。山头镇居民和商旅近300人遇难。8月23日博山第一次解放。军民将原山东省立窑业试验厂电机、变压器等小型机器设备保护起来。

续表

中华民国	1946年	1月，博山第三次解放。鲁中军区后勤部委派宋炳武负责筹备恢复山东省立窑业试验厂生产，并拨北海币300万元修缮厂房，增修设备。3月开工，改厂名为景明窑业厂，主要生产电瓷、耐酸陶瓷及日用陶瓷。4月，鲁中北海银行向博山陶瓷业发放低息贷款246万余元，扶持窑业生产。6月，国民党发动内战，博山、淄川140多座窑全部停产。7月11日，解放军撤出博山，国民党山东省工矿管理委员会派王澄科为厂长，占景明窑业厂开工生产，改厂名为山东模范窑业厂。
	1947年	3月，博山第四次解放，景明窑厂恢复生产。4月5日《大众日报》报道，在国民党军队占领期间被摧残殆尽的淄博陶瓷业在民主政府生产推动委员会的帮助下，63座窑复工。8月，解放军撤出博山后，国民党工矿管理委员会组织模范窑业厂开工生产。
	1948年	3月12日，博山第五次解放。解放军军事管制代表团接管省模范窑业厂。4月4日恢复生产，改名鲁丰瓷窑厂。
中华人民共和国	1949年	8月，中共淄川县委拨出6000斤粮食为资本，成立公营益民窑厂（后为淄川陶瓷厂）。
	1949年	博山地区陶瓷工人成立工会组织。
	1950年	淄博陶瓷行业开展以增产节约为中心的爱国主义劳动竞赛，以实际行动投入抗美援朝运动。淄博专区和县机关团体先后在淄川县的渭。

附：淄博市古瓷窑现存情况一览表

序号	窑名	规格	建造时间	建造人	地址	归属	现用途
1	东义窑北大窑	8行14柱	清末	蒋家	山头河北东村	博山制药厂	闲置
2	窑厂东大窑	7行14柱	清末	张家	山头窑广村	窑广村	盛杂物
3	白衣庙前窑	6行12柱	清末	谢光林	山头河南建中村	山头陶瓷厂	闲置
4	尤家窑	6行12柱	清末	宋本全祖父	山头河南建中村	博山陶瓷厂	住户仓库
5	李家厂窑	5行10柱	清末	李巨长祖父	山头河南建中村	山头河南村	个人用作糕点作坊
6	黄崖根窑	7行14柱	清末	宋家	头河南西村	博山陶瓷厂	厂劳服公司仓库盛杂物
7	周家场里窑	5行10柱	清末	周京树	山头河北南村	土姓居民	盛杂物
8	祥达窑	5行10柱	清末	周家与王来顺祖父等三合号	山头河南建中村	王秋祥	陶瓷器械仓库
9	群利路北西窑	5行10柱	民国初年	石成贵祖父	山东淄博群利陶瓷厂	山头陶瓷厂	仓库
10	群利路北东窑	5行10柱	民国初年	宋作滨	山东淄博群利陶瓷厂	淄博群利陶瓷厂	仓库
11	孙家园山陶南窑	5行10柱	民国初年	周华元祖父	山头河南建中村	山头陶瓷厂	仓库

续表

序号	窑名	规格	建造时间	建造人	地址	归属	现用途
12	山陶小窑	3行6柱	民国	谢光林	山头陶瓷厂	山头陶瓷厂	仓库
13	东沟窑	4行8柱	民国10年	周庆南	山头东沟街	博山陶瓷厂	盛杂物
14	博陶敬老院胡同南口西边窑	4行8柱	20世纪30年代初	张志武	山头河南建中村	居民	盛杂物
15	博陶敬老院胡同南首西边窑	5行11柱	30年代初	侯兆宣	山头河南建中村	博山陶瓷厂	云姓承租
16	王文友家窑	3行6柱	30年代	王文友父	山头河南建中村李家场南	王文友亲属	闲置
17	窑广西窑	5行8柱	30年代	张会川	山头窑广村西	山头窑广村	住户使用
18	义兴陶窑	6行12柱	40年代	周京荣	山头河北东村	山头河北东村	承租
19	黄崖根南窑	5行10柱	40年代	不详	山头河南西村	博山陶瓷厂	厂劳服公司仓库
20	臧家上窑	4行8柱	40年代	臧孝立父	山头河南建中村归属	博山陶瓷厂	住户使用
21	尤家窑东小窑	2行6柱	1958年	博山陶瓷厂	山头博山陶瓷厂	博山陶瓷厂	住户使用
22	东义窑东窑		70年代		山头河北东村	博山陶瓷厂	闲置
23	博陶五车间窑		清末		山头河南建中村	博山陶瓷厂现用途	拆除一半

续表

序号	窑名	规格	建造时间	建造人	地址	归属	现用途
24	天祥窑	5行8柱	70年代	山头河南东村	山头河南东村	天祥瓷业公司	闲置
25	东坡东窑	5行8柱	70年代	山头东坡村	山头河南东村		仓库
26	东坡西窑	5行8柱	70年代	山头东坡村	山头东坡村	圣陶场工作室	仓库
27	玉祥大窑	6行10柱	民国初年	陈家	八陡北河口村	陈维强	盛杂物
28	玉祥小窑	5行8柱	民国17年	陈家	八陡北河口村	陈维强	闲置
29	北岭东窑		民国初年		博山北岭		展出
30	北岭西窑		民国初年		博山北岭		展出
31	渭头河38号窑	6行6柱	60年代	淄川陶瓷厂	渭一村原淄陶机修车间南窑	华光集团华龙公司	仓库
32	渭头河39号窑	6行6柱	60年代	淄川陶瓷厂	渭一村原淄陶机修车间南窑	华光集团华龙公司	仓库
33	渭头河36号窑	6行5柱	清末	孙芳廷	渭一村原淄陶二车间南窑	华光集团华龙公司	牛继伟租用做仓库
34	渭头河37号窑	6行5柱	清末	孙芳廷	渭一村淄陶二车间南窑	华光集团华龙公司	牛继伟租用做仓库
35	花沟2号窑	6行4柱	清初	司家	渭一村委员会院内	华光集团华龙公司	废弃
36	渭头河42号窑	6行4柱	清初	孙家	渭一村供销社公路东归属	华光集团华龙公司	仓库

续表

序号	窑名	规格	建造时间	建造人	地址	归属	现用途
37	渭头河44号窑	4行5柱	清初	孙家	渭一村松林德德利东厂	渭一村德利陶瓷厂	仓库
38	渭头河41号窑	4行6柱	清初	孙家	渭一村公路西	华光集团华龙公司	拆除一半
39	西大窑南窑	5行6柱	清初	王家	圈子村下河崖	圈子村	仓库
40	西大窑北窑	5行6柱	清初	王家	圈子村下河崖	圈子村	仓库
41	黄湖窑南窑	5行6柱	清初	刘继广	圈子村下河崖	圈子村	拆除一半
42	黄湖窑北窑	5行6柱	清初	刘继广	圈子村下河崖	圈子村	拆除一半
43	福山日用陶车间东窑		清朝		福陶日用陶车间	福山陶瓷厂	闲置
44	福山日用陶车间西窑		清朝		福陶日用陶车间	福山陶瓷厂	闲置
45	福山日用陶车间中窑		清朝		福陶日用陶车间	福山陶瓷厂	拆除一半
46	福山街139号北窑		清朝		福山街139号院内	居民	闲置
47	福山街139号南窑		清朝		福山街139号院内	居民	闲置
48	福山街135号窑		清朝		福山街135号院内	居民	闲置

续表

序号	窑名	规格	建造时间	建造人	地址	归属	现用途
49	福陶科研所后窑		清朝		福陶科研所后	福山陶瓷厂	闲置
50	西河河南圆窑		70年代		西河河南村	民营业主	仓库

附：山头杂字全文

《山头杂字》作者为清代宋信中，山东博山人，根据博山山头《宋家族谱》考证，为自编七字句《山头杂字》流传后世。《山头杂字》罗列了当地兴盛的十六个行业，其中序言144个字，传达了作者的编写用意。正文十六篇4859个字，系统地介绍了当地窑场、山场（即煤场）、银匠、木匠、器物、杂货、食店、布衣、石匠、走兽、人事、疾病、屠户等。包括了士农工商五行八作。此自编七字句曾被后世广为传抄，并成为当地学童的识字课本。其中陶瓷业居首位，由此足见其之于民众生活的密切关系。作者以抑扬顿挫，通俗易懂的语调概括了淄博民窑传统制陶的工艺流程，展现了"牛拉碾，驴打场，成型手拉坯，干燥靠太阳，烧成用圆窑，草屋做厂房"的劳作场景。它对我们今天了解、考证清末以后博山地区的历史文化具有极其重要的价值。尤其对认识和研究淄博民窑传统制陶工艺流程，产品类别、商品销售情况及当时的习俗有着重要的参考价值。（现留存的《山头杂字》资料系山东博山陶瓷厂退休师傅侯本杰的手抄本。）

序　言

古有四书共五经，文章诗词天下行。
万事有尽学无尽，千物有穷书无穷。
若有用力务读者，俱是诚心求功名。
富者能攻功名易，贫家欲求力不能。
寒童读书无大志，十有八九不能成。
此志随小难随意，唯求买卖记账明。
今序一本明账记，敬心编出诲蒙童。
莫笑粗俗少文句，不过就正器物名。
虽然各行不全备，寻常用者尽可凭。

商贾肯读记心腹, 写账不用求人情。

窑场第一

博邑窑场第一行, 三房九匠一齐忙。
匠人攻作大博士, 每人一脚工难旷。
匠人括来博士旋, 刮子约有三寸长。
糊泥揉泥攻作做, 糊泥铁锨两三张。
收晾碗坯撐板条, 看火烧水不离旁。
匠人搅轮旋风转, 博士药碗压坯场。
成药全凭使心窍, 药水差错货不光。
斗子行碗是两样, 各样颜色分弱强。
上色下脑没灰色, 白黑表里与姜黄。
大号盆子仨一套, 小碗论罗笼内藏。
海碗瓯子罏盆子, 蒜臼外药里头荒。
各样货物做足数, 装窑另请匠人装。
倘若泥水不足用, 赶碾碾泥必承当。
担上青土打上水, 好牛一椇就套上。
犍子八牯色不等, 好牛带犊不敢伤。
湫沟走泥泥池聚, 积窝造成进作坊。
起窑之日即点火, 掌鞭备驴把炭装。
鞍屉辔头嚼环子, 垛篓大的盛四筐。
头午过午按遭数, 驮足遭数就下晌。
烧班数数多半雇, 投哨大撞三尺长。
小窑约烧三昼夜, 临熟俱有看窑方。
看锥全凭耍武艺, 药鸡化了是几双。
打门三日始冷透, 出窑揽头来商量。
说就价钱若干数, 窑货贩子雇车装。
车子推到窑货铺, 大集小集卖四方。

黄货窑上做黄货，　　　拔罐鸡嗉共四两。
凉枕扁壶小鱼子，　　　灯台香炉好烧香。
茶盅碟子油罐子，　　　罐口使用灌酒浆。
酒瓶出处在八陡，　　　汲水罐子出窑厂。
李家窑上做大瓮，　　　机子庄内出瓷缸。
单盆半盆斗盆子，　　　腿子出处不一方。
大瓮酒坛盛酒用，　　　尿壶茶壶卖街巷。
疙瘩湾里大盘好，　　　白釉釉得里外光。
若问套盆出何处，　　　与碗同出山头庄。

山厂第二

煤炭买卖居山中，　　　山厂武艺更不同。
做井全凭洞头好，　　　隔山看宝比仙能。
山场作塌都问就，　　　写出合同始为凭。
临近山场一齐打，　　　免得以后出母井。
井头洞头计议定，　　　纠合众份好同工。
穿井全凭石匠助，　　　半镢响亮不住声。
錾头撺扛一齐用，　　　护身板儿悬空中。
也有论班白黑下，　　　也有讲尺大包工。
大钢挂判找铁匠，　　　车破木匠来添楤。
机腿擒口地梁工，　　　车打两头一样平。
对头箍儿是一对，　　　铁销案子铁匠成。
井上合轴费工夫，　　　把杆轮头各一行。
圆筐破了现去买，　　　大绳糟闷再打绳。
行动非钱不中用，　　　攻井君子休吝铜。
透井之日皆欢喜，　　　犒劳匠人挂上红。
前后账房一齐起，　　　修理火屋换井棚。
监工账房俱安定，　　　半分安上三四名。

筐头镢头各处叫,当上架子查一棚。
长筐先使拖扒拉,然后再把车子钉。
串子辘轮烧饼子,铁牌环锥分两轻。
拖扒条儿全凭好,车梯做成要相应。
小绳筐系绳匠送,据板还请木匠翁。
刮板尖镢班班用,路上铺板日日蹚。
水夫头子查水夫,稍堰脚堰排的清。
掐镢必得风箱火,锤钳不离拿手中。
监工勤紧守井口,挂的轻了算渗碾。
珹末如同往上扬,过着大筹把数增。
押出上场有定数,见十除一口难更。
幸而遇着快了炭,满井驴车闹哄哄。
账房收钱收不上,早起不离掌上灯。
串钱绳子论斤买,数钱全要多人丁。
霎时卖的柜中满,地下垛的无处盛。
工价使费支消妥,下剩万串有余零。
份子帐目各自算,闲筐闲炭头没赊。
分钱众分一齐到,唯有归除分的明。
好汉份子多获利,痴呆分子受朦胧。
煤炭也有好和歹,看是采取那一层。
夹刚俗名奴才炭,箔石炭子杀铁能。
黄石炭子有油性,窑头担去燎窑成。
铜碛本是矾厂用,造矾红土上济宁。
镇底罗烓大石炭,各处山厂不能同。
青珹爆珹独性子,烧炭之脉甚难凭。
自幼做老师师傅,不能说全炭的名。

杂货第三

井窑虽是二大行，杂货铺子亦最良。
选择吉月开了市，货物架子坐当阳。
颜神大集去批货，各样俱全件件强。
海参鲍鱼鲨鱼翅，鲐鲅鲖鳑黄鲭鲂。
白条鲻鱼鲜鳞刀，鲤鱼更比大鱼强。
鲩子鲫鱼海鲢子，鲭鱼鳖鱼蟹毛螃。
锡箔纸张黄表篓，纲连笺纸共纲黄。
纸锞烧纸共绵纸，大篆甲花与对方。
桃红大红筒子纸，万年红纸有金光。
连斯红白是两样，乌金纸儿中贴疮。
龙眼荔枝南葡萄，橘饼瓜饯共闽姜。
石榴栗子炭火枣，柿子杏熟俱发黄。
小枣芋头李梅子，软枣买下两三筐。
核桃葡萄樱桃子，酥梨甜桃分外强。
白果菱米共柿饼，柑子柰子数成双。
花椒茴香是二味，红糖白糖与冰糖。
胡椒之物家家用，头疼脑闷用辣汤。
奉神多半用南菜，寻常青菜当常妆。
金针木耳地药藕，乾粉粉皮与葱姜。
竹笋香蕈龙须菜，朱沙黄丹并雄黄。
茶叶各种名不等，烹茶按季论温凉。
银朱白矾灰平纸，信香染香麝黄香。
青菜不用伸头买，清晨送到铺子旁。
菠菜芫荽茼蒿菜，辣菜芹菜共君当。
茄子瓠子鲜韭菜，黄瓜大的一尺长。
葫芦萝卜苦生菜，莴苣绑把卖四方。
椒酱芥末带韭花，买下好麻去下乡。

蒜与蒜薹样样有，虾米皮子熟的香。
葫芦条子碎鱼子，绵花色线下染缸。
莱州粉土水胶鳔，一籇筷子是十双。
杂货不能置全备，生意茂盛最吉昌。
有人本分开此铺，强似出外受风霜。

食店第四

山头庄小多食店，只因山厂人活便。
金鸡未鸣满街起，明灯蜡烛客不断。
烧上大锅瓢添水，火棒投火锨加炭。
安上床子压饸饹，馍馍一笼蒸三扇。
烧饼火烧油炸果，杂面跌面刀切面。
年糕粽子皆加枣，包子好似一群雁。
熟面全凭大汁好，凉的麻汁加醋蒜。
单饼油饼瓢子饼，黏粥水饭连汤饭。
羊汤干饭要味美，凉粉其子担一担。
豆腐汤的吃醋少，煎饼上秤不可欠。
鸡子鸭蛋盘中排，贺菜只在盆中拌。
现炸肴肉鸡儿鲊，鸡蛋糕子像鸭蛋。
腊肉干肉饮酒美，螃蟹糟鱼是盘餐。
面筋虾米肥羊肉，杂菜鲜鱼有咸淡。
卷子就肉堪食绝，白面馒头另解馅。
漏勺铁勺乌簋碗，油盐酱醋材料全。
乌木筷子桶中有，茶壶茶盅摆桌面。
跑堂候客来往走，掌案不离灶前站。
行路客商止车马，里里外外客不断。
也有下面吃馍馍，也有油饼蘸辣蒜。
衬着佳肴欲饮酒，提壶转沽上酒店。

白酒黄酒共煮酒，潞红堆花不用看。
蒸醾醿魁与白糟，稷子烧酒颜色淡。
干榨不如瓮酒美，酸枣酒儿更不贱。
唯有五香与佛手，药酒多多难说遍。
客人食毕支钱走，柜上就来把账算。
生意挣的好人钱，匹夫赖账把钱欠。
三年五载不想还，要时情疏脸儿变。
勤君事忙先登账，粗心掉账钱难赚。
虽然账紧能要钱，不如不赊最为善。

粮食第五

街上生意坐店房，千行不如粜杂粮。
秋间籴来春间粜，积粮更比积金强。
出门赶集要眼力，推碾喂驴白黑忙。
布袋大的三门半，该下食囤好收庄。
扇车去糠不用簸，碾出细米卖四方。
晚谷日短出数少，劝君须认羊卧场。
黍谷荞麦黄黑豆，小豆绿豆与高粱。
豇豆蔓豆蛮扁豆，小米麦子不寻常。
芝麻本是推油用，黍子秫蜀做酒浆。
糯米黄酒稷米稻，小米熬成白饭汤。
市上籴米铺内粜，交易和气彼此光。
或是论石或论斗，或论升合称斤两。
出入公平准门秤，即是经营发财方。

布衣第六

绵花纺织不误工，全凭机匠织成布。

染房铺内下染缸，青蓝红紫颜色助。
香色黄绿色不等，长短宽窄不一路。
双色浅蓝鱼白皂，裁缝裁剪把衣做。
随身袍套褂子袄，露肩帽子鞋袜裤。
被褥眠条与卧单，头枕约使二尺布。
山野家蚕绸不等，穿绸着缎是家富。
首帕包头妇人买，靴帽蓝衫秀才做。
裤腿裹脚女裙子，权口布袋装粮物。
褡子造就盛钱使，扎包扎腰甚坚固。
布帘冬日遮寒冷，蚊帐夏天免蚊辱。
绵丝造物名色广，不能治全开布铺。

木匠造器第七

世上木匠第一能，修盖非他不能成。
锛凿锯斧件件有，墨门曲尺扯墨绳。
大梁牵椽连檐檩，门窗户达过木平。
门框门坎墙橱子，里显大柱把梁擎。
格子优化厅房用，厦檐柱子石柱顶。
方桌机凳太师椅，柜箱抽头与木笼。
脚揸板凳随便使，藤木顶子各有名。
食盒挑盒共酒醢，衣架镜架雕刻能。
铜盆架子火盆架，水筲钩担押槽桶。
传盘托盘待客便，半门冬日好遮风。
棍棒扁担木杠子，踏趋摸子斛门升。
勺子另有匠人做，柳木案板伤刀轻。
面轴面桌居食店，靠山儿儿在楼厅。
碾括管心细心做，一架梯子半悬空。
锄杠耩子铁锨柄，权扒救场不放松。

犁辕必得枣木壮，　　大耙前后木齿丁。
碌碡安括砘子架，　　辘轳使用在园中。
立柜书柜药橱子，　　车子能走南北京。
围盒帽盒捧盒用，　　压车压绵好过冬。
从师莫非规矩诲，　　巧由自己心内生。

铁匠造器第八

唯有铁匠最难当，　　劈铁用刀胳膊伤。
朝夕守着一炉火，　　夏日热的广心慌。
遮火悬皮腰中系，　　锤钳不住响叮当。
枪刀剑戟皆能做，　　钢镰马叉照眼光。
锥子剪子女工用，　　鸟子大炮三眼枪。
钢钻凿子挠钩锉，　　铁锨锄头铁火棒。
铡刀切草好喂马，　　门鼻钩挂打成双。
锄刀焠了锋芒快，　　镰头打下好几张。
钥匙大锁南蛮做，　　锢𨱮匠子能添镗。
剃头刀子待诏用，　　砍人刀子进法场。
钐刀裁刀与镊子，　　锁挺使用在柜上。
筲箍提系井挟钩，　　泥匙泥板墁墙光。
熟铁炉支分外壮，　　加力投火不能伤。
抢子润刀烛火剪，　　剁刀全凭多加钢。
扒子钉子各处用，　　法索拷镣犯人当。
蓖头犁子耩铧子，　　铁锅盖子买四方。
錾子提锅铛炉鏊，　　钟磬铃铛响叮当。
秤锤钓盘好星秤，　　管保人间两不伤。
铁器件件置全备，　　各样精美大吉昌。

石匠造器第九

世上石匠第一能，　　石羊石狮细錾成。
水磨旱磨皆两碾，　　碾砣造成两头平。
接脚门槛盖屋用，　　喂马石槽在马棚。
碾底打的圆如镜，　　洗澡大盆把水盛。
碌碡压场粮食落，　　碑碣龟坐有石龙。
修盖庙宇石顶柱，　　志门牌坊出大名。
泥碾砣子石盖石，　　石人石马不能行。
上马石儿石桌凳，　　细磨砚台中文童。
砘子做成是一对，　　碓嘴打的底不平。
修坟须用石梁柱，　　供桌香炉立林茔。
更有一般拙石匠，　　只剖磨串州城。

泥水造作第十

泥水匠人武艺能，　　修盖非他不能行。
上盖帝王金銮殿，　　七间七尺包厦厅。
官员所居各名府，　　司院衙门州县城。
民间修盖不一等，　　宅舍俱按富与穷。
楼瓦厅房有前后，　　厢房盖就分西东。
客舍书房一齐起，　　大门耳屋用细工。
水阁凉亭避炎热，　　专瓢圈棚花园亭。
乡关影壁麒麟书，　　甬路取直前后通。
厨房茶房待客便，　　牛棚猪圈骡马棚。
猫头钩檐滴水瓦，　　垒墙全凭泥称平。
窑碛青砖黄板子，　　苇箔荆笆使两层。
石灰沙土和泥壮，　　使上麦穰不怕凌。
方砖铺地甚干净，　　草屋年久生蠨虫。

脊厚檐薄行雨顺，屋漏最怕不天晴。
庙宇必用燎绿瓦，正殿廊房塑神灵。
庵观寺院一齐盖，楦坟打下好立茔。
一言难尽泥匠巧，甓井善会使破垄。

银匠造作第十一

唯有银匠广挣钱，巧手出名天下传。
兑换银两天平等，丝毫不能将人瞒。
垒丝拔丝一齐做，时样件件俱造全。
头箍本是二龙戏，鬏髻梳妆银花钱。
五凤鬓凤共双喜，耳环坠子灯笼环。
铃铛戒指银镯子，围花簪钗与耳挖。
今来首饰俱改变，遂时名色不一般。

屠户宰杀第十二

世上屠户第一能，杀猪宰羊不留情。
下乡买猪家内宰，大刀一口照眼明。
杀了全凭挺杖胀，滚水秃猪锅内盛。
上了爆到退毛净，卖给绳匠打绠绳。
酒席非肉不中用，无有蹄肚礼难行。
花脂不如里腔好，猪头一劈两半平。
舌头腰心肠子尾，肥肘瘦肘各有名。
肝肺猪血疤骨肉，胰子搓手天下行。
和腔兜儿是一个，尿胞吹起哄娃童。
未宰预取斤两数，若非屠户谁可能。

居家器物各行遗漏者附之　第十三

居家不论富与贫，　　　　用器少一不能行。
各样置全使用便，　　　　免得借邻求人情。
碾磨人间天下有，　　　　荆囤圆子粮食盛。
簸箕簸箩勺筛子，　　　　细条笊篱下水能。
水瓢不离瓮中卧，　　　　笤帚扫帚扫地平。
插屏围屏富家有，　　　　等子行秤天下行。
夯床全凭荆笆勒，　　　　篓筐筳筐筐匠成。
炊帚本是刷锅用，　　　　棕麻刷子糊窗棂。
碗筐箸笼三脚子，　　　　鸡罩盖鸡实难腾。
蓑衣苇笠遮阴雨，　　　　伞撑最怕风来拧。
沙锅盖子洗脸钓，　　　　干柴木炭把火笼。
笔墨算盘鸡毛毯，　　　　罗床罗子套判绳。
挑筐扁担担土炭，　　　　系筐编的底不平。
宁波烟袋南合包，　　　　蔺烟兰花敬亲朋。
网网官粉梳弄篦，　　　　针线俱是把衣缝。
胰子肥皂豆面子，　　　　桂花油儿梳头明。
胭脂以内加蜂蜜，　　　　点在唇上分外红。
皮箱乃盛皮衣用，　　　　拭脸毛巾有纱绫。
油盒粉盒古铜镜，　　　　梳头匣子描金形。
器物非只这几样，　　　　别行有的不肯重。

走兽第十四

自古走兽非寻常，　　　　居家住野不一行。
家有牛驴骡子马，　　　　儿骡骡骡断阴阳。
乌嘴驴驹世间少，　　　　驹在槽头不离娘。
细狗调领拿獾好，　　　　夯犬看家卧门傍。

乌猪白羊敬天地，老鼠见猫命该亡。
骆驼癞象帝王用，獐麂野鹿山中藏。
猿猴猩猩狐狸兽，猛虎本是兽中王。
狮子麒麟人间少，虫蛇大蟒走山岗。
黄牛野狸上树子，兔子最怕响鸟枪。
罴子得道学人样，狼虎饥饿将人伤。
猪狗人罴与野猪，独角犀牛与豺狼。
外国禽兽名色广，恐其差错不敢强。

疾病第十五

人有疾病甚伤惨，心中憔悴身子恹。
病至好似飞来燕，去时犹如挟泰山。
好汉能当千夫勇，病担一条不能担。
疾病皆是自己找，多有不识此机关。
贪恋酒色过了度，临食气怒在心间。
此事皆是中病生，少迷用力往里钻。
酒色财气少贪恋，若知保身是神仙。
遇着争差恕一步，逢有愤怒放心宽。
君子能以如此干，强似求药服仙丹。
头身齐痛口味苦，定是伤寒无移迁。
水泻痢疾紧霍乱，皆因夏日遭热天。
眩晕麻木心腹痛，中风中迷癫狂痫。
怔忡健忘与惊悸，痰厥不寐痘疹癍。
遗精白浊身盗汗，若不补阴病难痊。
淋疼本是膀胱火，二便闭结医甚难。
痔漏积聚人人有，咳嗽喘急多吐痰。
脾寒疟疾不一种，恶心呕吐胃必反。
失血多因虚火盛，痼冷之症是真寒。

热极似水反战栗，寒极如火汗自潜。
吞酸胃口有瘀热，嘈杂饭逆心不安。
气蛊痰痨与噎症，尽是阎罗会就仙。
外肾偏坠是疝气，鼻流浊涕为鼻渊。
耳聋眼花因虚火，牙疼久了齿不坚。
痈疽发背能伤命，疔疮便毒与牙疳。
疙疸肉瘤小黑痣，风眼不住泪涟涟。
疥癣秃癞必发痒，金疮未平色勿贪。
蝎子螫着疼一日，伤筋动骨足白天。
闪腰岔气气虚致，贴上膏药必见痊。
家有病人心憔悴，不由去把巫医搬。
身体安乐不生病，强似求富银万千。

人事第十六

父母生成为儿郎，理宜孝顺爹与娘。
人生三关共五窍，四体五藏不可伤。
血脉筋骨魂不散，始能饮食居村庄。
耳目鼻嘴额髅盖，天庭饱满世无双。
容貌形象有丑俊，眉目脸面要荣光。
胡须舌唇腮下颏，脖腔肩背与胸膛。
头发黑的如墨染，银牙白者似雪霜。
手脚胳膊身腰腿，肚腹脐乳指手掌。
哥哥嫂嫂是等辈，叔婶伯父与大娘。
兄弟姊妹共姐姐，妗子不如老娘强。
姑舅外甥亲戚近，兄弟之妻妯娌行。
丈人见婿称贵客，两姨之亲不久常。
侄孙那跟亲生子，闺女出阁随夫郎。
汉子老婆一家过，后娶一妾是二房。

媳妇能巧婆婆喜，邻有仁厚家道强。
不孝有三无后大，孩娃成群最为良。
人生落地皆一样，长大所居不一样。
天子为君坐金殿，官员居衙坐大堂。
宫娥公主驸马府，太子发基卧龙床。
监生本是银钱换，文官武将两不降。
童生生员与案首，举人进士共外郎。
廪生捧银拾二两，白丁农民各务忙。
承差衙役乡保长，地方本社摧钱忙。
差人轿夫监禁子，仵作尺寸能验伤。
快手民壮两班对，茶房跟官不离旁。
也有务耕在坡野，也有勤读在书房。
也有各行做买卖，也有出门当客商。
也有管家共小厮，也有丫鬟与梅香。
几家富户地千顷，几家乞食在街乡。
几家做贼当王八，几家私科为妓娼。
也有戏子吹鼓手，也有兔跳跳鼋樯。
尼姑削发看庵观，和尚道士住庙堂。
也有俊来也有丑，也有嘲傻与乖张。
聪明伶俐刁钻巧，老实痴呆亦无防。
聋汉对面难说话，瞎厮不见日月光。
瘸腿之人行路少，矮矬难穿大衣裳。
哑巴自小不言语，秃子头上明晃晃。
乖人白黑想公道，憨怂朝夕受人伤。
瘦弱人儿必有病，肥胖壮人气满腔。
初生为人是一样，长大变化几千行。
若有问余是何故，只因八字分贱良。

参考文献

[1] 冯彦博：《淄博老字号·博山民俗（博山文史资料选辑）》，淄博信通印务有限公司2006年版。

[2] 王连海：《民间瓷枕》，湖北美术出版社2003年版。

[3] 丘斌、张苇：《民间壶具》，湖北美术出版社2003年版。

[4] 孙健君、孙和林：《民间灯具》，湖北美术出版社2003年版。

[5] 张紫晨选：《民俗调查与研究》，河北人民出版社1988年版。

[6] 梁任生著：《大地集——实用美术论文选》，安徽美术出版社1991年版。

[7] 孙建君、高丰：《古代灯具》，山东科学技术出版社1998年版。

[8] 李绵璐主编：《有形与无形》，湖北美术出版社2003年版。

[9] 杭间、何洁、靳埭强主编：《岁寒三友：中国传统图形与现代视觉设计》，山东画报出版社2005年版。

[10] 淄博市政协文史资料研究委员会编：《淄博陶瓷琉璃大观》，山东大学出版社1992年版。

[11] 冯延伟、冯延华：《古窑韵事》，长征出版社2004年版。

[12] 高丰：《美的造物》，北京工艺美术出版社2004年版。

[13] 于中：《淄博乡音乡俗》，香港华夏文化出版社2002年版。

[14] 冯梦令主编：《淄博文史资料》，中国文史出版社2005年版。

[15] 张岂之主编：《中国传统文化》，高等教育出版社2005年版。

[16] 王文源：《中国吉祥图说》，中国工人出版社2008年版。

[17] 舒惠芳、沈泓：《凡尘俗子》，中国工人出版社2008年版。

[18] 张士闪：《乡民艺术的文化解读》，山东人民出版社2005年版。

［19］孔新苗主编：《齐鲁民间造型艺术》，山东画报出版社

［20］王光尧：《中国古代官窑制度》，紫禁城出版社 2004 年版。

［21］安立华主编：《近代淄博民间陶瓷艺术》，北京工艺美术出版社 2004 年版。

［22］远宏、祥波：《中国民间陶瓷艺术》，黑龙江美术出版社 1996 年版。

［23］张道一：《考工记注释》，陕西人民美术出版社 2004 年版。

［24］贺连春：《赵执信研究论文集》，齐鲁书社 1995 年版。

［25］孙建君：《中国民间美术》，上海画报出版社 2006 年版。

［26］岳永禧：《博山收藏大观》，淄博信通印务有限公司 2005 年版。

［27］王宁宇：《中国西部民间美术论》，青海人民出版社 1993 年版。

［28］冯梦令：《淄博氏族文化研究》，中国戏剧出版社 2007 年版。

［29］徐吉军、方建新、方健、吕凤堂：《中国风俗通史》，上海文艺出版社 2001 年版。

［30］陶瓷工艺编写组编：《陶瓷工艺》，轻工业出版社 1998 年版。

［31］孙伟庆：《陶镇》，山东友谊出版社 2007 年版。

［32］山东省淄博市博山区区志编委会编：《博山区志》，山东人民出版社 1990 年版。

［33］费孝通：《江村经济——中国农民的生活》，商务印书馆 2001 年版。

［34］张夫也、孙建君：《传统工艺之旅》，辽宁美术出版社

［35］邱耿钰：《中国现代民间陶瓷研究》，河北美术出版社 2005 年版。

［36］王尔孝：《淄博陶瓷志》，山东电子工业印刷厂印制 2003 年版。

［37］山东省陶瓷公司编：《淄博陶瓷工业大事记》1993 年版。

［38］盐野米松［日］：《留住手艺》，山东画报出版社 2000 年版。

［39］叶涛、吴存浩：《民俗学导论》，山东教育出版社 2002 年版。

［40］月生：《中国祥瑞象征图说》，人民美术出版社

［41］吕品田：《中国民间美术观念》，湖南美术出版社 2007 年版。

［42］王文源编：《中国吉祥图说》，中国工人出版社

［43］中国硅酸盐学会编：《中国陶瓷史》

［44］钟敬文：《钟敬文文集》，安徽教育出版社2002年版。

［45］柳宗悦：《工艺文化》，徐艺乙译，中国轻工业出版社1991年版。

［46］杨永善、杨静荣：《民间陶瓷》，艺术图书公司1993年版。

［47］乌丙安：《民俗学原理》，辽宁大学出版社1999年版。

［48］宋镇豪：《中国风俗通史》，上海文艺出版社2001年版。

［49］陈进海：《世界陶瓷》，万卷出版社2006年版。

［50］舒惠芹：《风尘俗子》，中国工人出版社2007年版。

［51］《中国大百科全书·文物博物馆》，中国大百科全书出版社1992年版。

［52］山曼：《山东民俗》，山东友谊出版社1987年版。

［53］舒惠芳，沈泓：《风尘俗子》，中国工人出版社2007年版。

［54］梁启超：《中国历史研究法》，东方出版社1996年版。

［55］李希凡：《把握传统．瞩目未来——关于中华艺术通史的编撰》，长江文艺出版社2002年版。

［56］向思楼：《论中国民间美术意象结构的审美特征》，西南民族学院报2003年版。

［57］毕克官：《中国民窑瓷绘艺术》，北京外文出版社1991年版。

［58］李文杰：《中国古代制陶工艺研究》，科学出版社1996年版。

附图

|后李文化夹砂陶釜|

|大汶口文化红陶鼎|

|北辛文化红陶钵|

|绳纹鬲（商）|

|彩陶鼎（战国）|

|龙山文化白陶鬶|

|龙山文化陶瓿|

|陶鼎(战国)|

|陶豆(战国)|

|陶扁钟(战国)|

|瓮棺盆(战国)|

|扁壶(秦)|

|立鹤龙耳方壶(汉)|

|青瓷壶(汉)|

|北朝青釉莲花尊|

|青釉四系罐(隋)|

|绞胎贴花三足炉(唐)|

|绿釉罐(唐)|

|宋茶叶末釉四系罐|

|黑釉线条罐|

|宋三彩执壶|

|宋雨点釉碗|

|宋三彩狮子灯盏.|

|宋三彩孩儿枕|

|宋狮子灯模具|

|宋执壶模具|

|宋黄釉绞胎碗|

|宋兔毫釉茶盏|

|金三彩瓷玩具|

|金三彩象灯|

|黑釉粉杠瓷(金)|

|宋白边黑釉碗|

| 明青釉花插 |

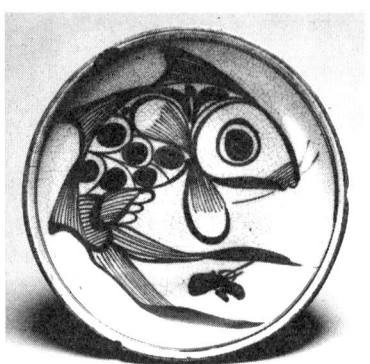

| 淄博大鱼盘（近代） |

| 青釉油灯、香炉、双耳瓶、方壶（明） |

| 青花绿彩龙纹罐（清） |

|瓷婆婆(近代)|

|福字扁瓶(近代)|

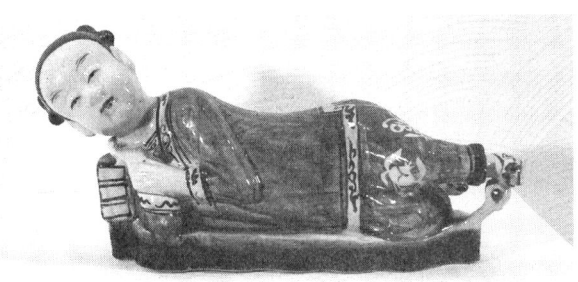
|童子枕(近代)|

|红绿彩猫蝶纹卷缸(近代)|

附 图 | 159

红绿彩婴戏纹卷缸(近代)

青花团寿纹盘(近代)

青花时髦女郎茶盘(近代)

青花红绿彩人物纹枕(近代)

|青花鱼纹盘 2(近代)|

|青花红绿彩人物纹茶盘(近代)|

|青花福寿纹盘(近代)|

|青花鱼纹盘 3(近代)|

|青花鱼纹盘(近代)|

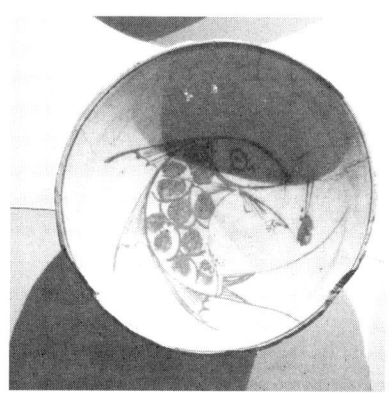

|青花鱼纹碗(近代)|

| 青花黑彩喜鹊纹盘(近代) |

| 白釉彩绘坐佛(近代) |

| 白釉彩绘娃娃壶(近代) |

162 | 粗瓷杂器——基于民俗文化的淄博近代民窑陶瓷艺术研究

|红绿彩蝙蝠纹香炉(近代)|

|黑釉渔翁(近代)|

|福字扁瓶(近代)|

|沂源扁扁洞北桃花坪文化遗址|

|黑釉篦子(近代)|

致谢

今天是农历二月初二,下午去理了个发,感觉似乎全身轻松了许多,感触颇多;本文的完稿是一项十分艰苦的工作,同时也是研究历程的心灵感悟,本课题的研究所面临着的工作是出乎了我原来的预想。其一,要全面了解淄博民窑的发展状况及其当地民俗文化对它的影响,林林总总……其二,由于本课题现存研究的文献资料有限,而必须进行大量的田野考察寻找和收集论文所需要的第一手资料。乃至提笔,才发现难度不小。

在此,深谢我的导师——何洁先生。何先生治学,视域开阔、态度严谨、见解独到;是先生肯定了课题研究的价值和意义,增强了我研究的信心;同时又从务实、实证、思辨等研究方法上予以指导。在写作过程,先生多次对论文提出指导意见,视觉敏锐、独特,既高屋建瓴又因势利导,使我受益匪浅。

同时要特别感谢在开题和论文中期检察过程中给我提出宝贵意见的翟墨先生、孙建君先生、刘托先生、张绮曼先生、杭间先生、张夫也先生。

在此衷心感谢:山东大学民俗研究所的张士闪先生,中国陶瓷大师朱一圭先生,淄博博物馆安立华,淄博中国陶瓷馆郭联军,淄博市政协文史委樊萍,山东淄博陶瓷工艺师孙波。同时还要感谢在我三年的学习过程中所有关心、支持、理解我的亲人和朋友。

初春的北京,寒意渐去,树梢上露出稀疏的微绿。冬去春来,论文也随之告一段落,但如释重负之感全无。因为本课题的研究是一项长期工作。该论文只能算是阶段性的总结。由于水平所限,文中不妥之处还需专家批评指正。

2009 年初春于中国艺术研究院

图书在版编目（CIP）数据

粗瓷杂器：基于民俗文化的淄博近代民窑陶瓷艺术研究/远宏著.—北京：文化艺术出版社，2011.4
ISBN 978-7-5039-4856-5

Ⅰ.①粗… Ⅱ.①远… Ⅲ.①民窑—瓷器（考古）—研究—淄博市 Ⅳ.①K876.34

中国版本图书馆 CIP 数据核字（2011）第 240420 号

粗瓷杂器——基于民俗文化的淄博近代民窑陶瓷艺术研究

著　　者	远　宏
责任编辑	吴士新
封面设计	倩　倩　雪　媛
出版发行	文化艺术出版社
地　　址	北京市东城区东四八条 52 号　100700
网　　址	www.whyscbs.com
电子邮箱	whysbooks@263.net
电　　话	（010）84057666　84057660（总编室）
	（010）84057696　84057698（发行部）
经　　销	新华书店
印　　刷	国英印务有限公司
版　　次	2013 年 4 月第 1 版
	2013 年 4 月第 1 次印刷
开　　本	700 毫米×1000 毫米　1/16
印　　张	11
字　　数	158 千字
书　　号	ISBN 978-7-5039-4856-5
定　　价	22.00 元

版权所有，侵权必究。印装错误，随时调换。